소비하는 인간, 요구하는 인간

소비하는 인간, 요구하는 인간

초판 1쇄 발행 2024년 8월 8일

지은이 김경은
펴낸이 서재필
책임편집 김현서

펴낸곳 마인드빌딩
출판신고 2018년 1월 11일 제395-2018-000009호
이메일 mindbuilders@naver.com

ISBN 979-11-92886-52-7 (03330)

* 책값은 뒤표지에 있습니다.
* 잘못된 책은 구입하신 곳에서 바꿔드립니다.

마인드빌딩에서는 여러분의 투고 원고를 기다리고 있습니다. 출판하고 싶은 원고가 있는 분은 mindbuilders@naver.com으로 기획 의도와 간단한 개요를 연락처와 함께 보내주시기 바랍니다.

소비하는 인간, 요구하는 인간

김경은 지음

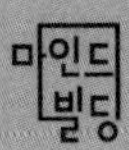

저자의 말

플라스틱은 1950년대 상아 당구공의 대체제로, 코끼리 보호를 위해 개발된 물질로 알려졌다. 그러나 이제는 역설적으로 자연과 인간의 건강을 훼손하는 물질로 떠오르고 있다. 우리가 종이 빨대를 써야 하는 이유는 간단하다. 바로 '플라스틱'이 아니기 때문이다. 문제의 물질, 플라스틱이 15년 차 기자인 내 품으로 들어온 것은 지난 2022년 초였다. 이전까지 나는 환경문제에 눈곱만큼도 관심 없었던 맥시멀리스트이자 무임승차자였다. 그러다 경제부를 떠나 사회부로 왔다. 지금껏 자산 시장, 거시 경제, 금융 섹터에서 돈의 흐름을 추적해 왔는데, 이대로 인생의 일부를 허비하는 것 아닌가 하는 걱정에 밤잠도 설쳤다. 그러나 걱정과 달리, 경제부에서 힘썼던 과거 10여 년의 시간 덕분에 환경과 경제를 연계할 수 있도록 안목을 가지게 되어 그 시간에 더욱 감사하게 되었다. 인생에서 주류와 비주류가 뒤바뀐 이 경험은 인생의 중요한 가치란 것이 때론 찰나처럼 쉽게 변할 수 있다는 신비를 내게 선사했다.

전 세계가 기후위기의 심각성에서 이제는 70년 넘게 지속되어 화석처럼 지구상에 쌓이고 있는 '플라스틱'에 집중하고 있다. 플라스틱 폐기물은 이산화탄소보다 훨씬 더 복잡계다. 이산화탄소를 줄이는 것에만 목표를 둔다면 종이 빨대는 플라스틱 빨대의 대안이 되기 힘들 수도 있다. 하지만 플라스틱은 환경으로 유출되면 생태계를 위협하는 파괴 물질이면서 동시에 미세플라스틱으로 분해되어 다시 인간의 보건을 위협하는 악마의 물질이다. 종이 빨대는 플라스틱이 아니란 점 하나만으로도 대체재다. 물론 환경론자들간에도 옥신각신이 있다. 이른바 녹녹갈등[1]이다. 비슷한 예로 일회용 기저귀가 면 기저귀에 비해 자원의 채취부터 사용, 폐기에 이르는 전반적인 과정에서 보면 환경오염이 덜하다는 연구도 있다. 그렇다면 일회용 기저귀 대신 면 기저귀를 쓰는 게 환경적으로 옳다고 장담할 수 있을까. 일회용과 다회용간의 환경적 우위를 따지는 것 역시 신중하게 접근해 볼 문제다. 그러나 우선 플라스틱이 문제가 된 이유에서부터 출발해야 된다. 석유 성분의 고분자 화합물인 이 물질은 수백 년 이상 썩지 않는다. 약 22%의 폐플라스틱이 바다로

---

1) 녹녹(綠綠)갈등 : 환경보전이라는 이상을 실천하기 위한 행동 사이에 나타나는 모순과 갈등을 말한다.

흘러가 언젠가는 물고기보다 더 많은 플라스틱이 바다에 존재할 가능성이 제기된다. 이해가 쉽도록 표현해 500년일 뿐, 실제로는 그 이상 존재해도 이상하지 않은 물질이다. 일각에서 플라스틱 제로(0), 즉 플라스틱이란 물질을 아예 쓰지 않는 방향을 요구하기 시작한 이유다. 파리기후협정[2]과 유사한 방식으로 국제사회가 국제협약을 통해 시장을 통제하기로 했다. 바로 플라스틱 사용을 줄이는 것이다. 그러나 한 축으로는 시장을 통한 해결법도 동시에 추구한다. 바로 순환경제다.

한때는 사회학도로 혁명을 꿈꾸기도 했지만, 경제일간지 기자로 현장을 취재하면서 이 생각은 크게 바뀌었다. 인간의 욕망을 거스르는 사상, 제도, 정책은 지속가능할 수 없다는 믿음이 오히려 강해졌다. 미국의 사회이론가인 머레이 북친Murray Bookchin[3]은 "인간에게 호흡을 멈추라고 설득할 수 없는 것처럼, 자본주의에게 성장을 제한하라고 설득할 수는 없다"고 말했다.

2) 2015년 12월 12일 파리에서 열린 21차 유엔 기후변화협약 당사국총회(COP21)에서 195개 당사국은 산업화 이전 수준 대비 지구 평균온도가 2℃ 이상 상승하지 않도록 온실가스 배출량을 단계적으로 감축하는 내용에 합의했다. 2016년 11월 4일부터 국제법으로서 효력이 발효됐다.

3) 사회적 생태론의 창시자로서 생태-코뮌주의 운동가(1921년 1월 14일~2006년 7월 30일).

이 책의 아이디어는 선량한 의지만으로는 결론을 내기도 힘든 이 문제 역시 선의와 이해관계를 일치시켜 시장을 통한 해결에 집중해 보는 것에서 시작했다. 환경과 인류의 공존을 탐욕과 이기적 속성을 지닌 실존 문제로 끌어올리려는 공상주의자의 상상 속에서 말이다. 우리는 애초에 자유시장론 개론서로 해석되고 있는 아담 스미스의 《국부론國富論, The Wealth of Nations》이 실제로는 경제학이 아닌 철학서로 쓰였다는 점을 다시 떠올릴 필요가 있다. 사회적 선善을 구현하는 방법으로 인간의 이기심에 기인한 '보이지 않는 손'의 존재 말이다. 인간의 선의가 아닌 인간의 이기심에 의해 사회적 선이 달성될 수 있도록 환경 의제를 자본의 영역으로 끌어와 보는 것이다.

지금 우리에게 필요한 것은 환경을 외생변수로 대상화하지 말고, 우리 경제의 내생변수로 여기는 것이다. 이미 선구적 비즈니스 모델은 이 기회를 포착했다. 환경주의적 행위를 통한 부Wealth의 추구가 가능하다는 것은 새로운 경제 패러다임이다. 이 같은 환경 실험에 뛰어들어 성공한 기업은 이미 생존 방식의 DNA를 바꿔 적응 실험을 마친 상태다.

국가 간 수준 차이도 가파르게 벌어지고 있다. 일각에선 순환경제를 마치 성장이 정체된 원형의 루프에 갇힌 경제로 상상하기도 한다. 천연자원을 고갈시키지 않는 순환경제에서는 덜 쓰고, 쓴 것을 재활용하고 재사용하는 것이 필수다. 이에 경제 발전은 멈추는 것을 받아들여야 하며, 부를 나누어 수용적인 민주주의로 발전하는 일이 필요하다. 그러나 인간에게 특정한 도덕적 관점을 주입함으로써 사회적 실험이 성공한 역사는 드물다. 민주주의가 아무리 발달하더라도 높은 세금에 반기를 들지 않을 선한 국민은 없다. 도덕률에 호소하는 읍소는 실패할 위험이 있지만, 욕망을 자극하는 시스템은 효율적이란 데 이견이 적다.

순환경제는 경제 성장이 멈추는 것이 아니라 경제 성장의 '방식'이 바뀌는 것뿐이다. 자원의 원천을 달리할 뿐이다. 부가가치 창출 기반을 천연자원이 아닌 데서 찾는 것뿐이다. 순환경제는 폐기물을 덜 쓴 자원으로 규정하며, 덜 쓴 자원에서 부가가치를 끌어내 새로운 성장 수단으로써 제로 성장이 아닌 플러스 성장을 가능하게 하는 경제의 '뉴 패러다임'이다. 대한민국에서도 순환경제로 돈을 끌어모으는 소위 대박 기업이 나올 수 있어야 한다. 반대로 선형경제 패러다임에 갇힌 기업들은 시장에서 퇴출 위기를 맞을 수 있어야 한다.

이를 위해 필요한 조건은 단연 '수요Demand'다. 이 책은 이 수요의 힘, 소비자와 시장의 힘에 집중했다. 그동안 언론을 비롯해 우리 사회 논의 전개 양상은 대체로 공급에 치우쳐 있었다. 그 결과로 돌아온 것은 소비자 배제와 그린워싱[4]이었다. 공급만큼 경제의 주요 결정 변수가 '수요'란 점을 간과했다. 그간 소외되어 온 수요자인 우리 개인들의 역할을 재정립하는 것만으로도 균형을 바로잡을 수 있다. 바로 버려지는 자원을 최소화하기 위해, 버리는 것까지도 소비자에게 선택권을 부여하는 것이다. 잘 순환하도록 만든 기업의 제품은 시장에서 살아남고 그렇지 못한 제품은 퇴출시킬 수 있는 힘이 최종 수요자인 소비자에게 있다는 점을 다시 명심하면 된다.

나아가 이 책은 관념 수준의 거대 담론이 아닌 이를 위해 현실적으로 필요한 제도와 시스템은 무엇인지를 탐사하고 보도하는 과정을 담고 있다. 소비자의 선택권을 위해 필요한 전제 조건들은 무엇인지, 그런 조건들이 잘 굴러갈 수 있을지, 어떤 기업이 살아남고 퇴출될 것인지, 그리고 그 선결 조건들은 무엇인지, 최근 뜨고 있는 산업계 트렌드는 무엇인지 등 순환경제와 관련한 대한민국의 모든 것을 탐색하려 노력했다. 이런

4) 그린(green)과 화이트 워싱(white washing)을 합한 말로 기업이 실제로는 환경보호 효과가 없거나 환경에 안좋은 영향을 미치는데도 불구하고 친환경적인 이미지로 허위, 과장 광고 등을 통해 포장하는 위장환경주의.

나열식 작업을 위해 나열하기 힘들 만큼 많은 분의 도움을 받았다. 이번 기회에 도움을 주신 인터뷰이와 학계, 기업가, 정부 기관 관계자들에게 재차 감사의 인사를 전하고 싶다.

특히 이 책이 세상에 나올 수 있도록 도움을 준 분들께는 미처 전하지 못한 감사의 인사를 이 자리를 빌려 전하고 싶다. 환경과 관련한 책을 출판하는 것이 글을 쓰는 일보다 힘들었던 것 같다. 많은 출판사들이 환경과 관련한 책은 우리의 생각보다 더 팔리지 않는다는 이유로 고사했다. 그럼에도 무모하게 계속 문을 두드린 한 기자에게 출판의 용기를 북돋아 준 출판사와 이 책의 주요 내용을 취재하고 보도할 수 있도록 취재 환경을 제공해 준 회사에도 감사의 인사를 전하고 싶다. 무엇보다 마른 길이든 질척한 길이든 딸이 걸어가는 길을 항상 믿고 지지해 준 부모님께는 그 어떤 표현으로도 전하기 힘든 마음을 이 자리에 눌러 담고 싶다.

김경은

목 차

(2장) 부의 전환에 뛰어든 기업들

소비재 기업

솔루션 프로바이더

쓰레기 기자가 된 이유

“기획안 이번 주말까지 제출해라.” 이날도 편집국은 평소와 크게 다르지 않았다. 하루살이처럼 기사를 쓰고 출고하고, 또 다음 날을 맞을 준비를 해야 하는 편집국의 일상에서 심층 기획기사를 제출하라는 지시에 짜증이 몰려왔을 뿐이다. 특히 그때 나는 10년 이상을 경제 분야만 취재해 온 터라 경제전문기자의 정체성을 동경하던 시기였다. 사비를 털어 경영전문대학원도 다닐 만큼 열의도 있었다. 그러다 갑작스러운 사회부 인사 발령은 변방으로 밀려난 느낌이었다. “아, 이번엔 또 뭐야.” 이런 소리가 나지막히 터질 뿐. 그저 그런 아이템이라 생각하며 발제안을 데스크에 제출했다. 기자로 생활하는 동안 수없이 써왔던 ‘영혼 없는 기획 아이템’ 중 하나일 뿐이었다. 속으론 아이템이 뭉개지기를 바랐다.

그도 그럴 것이 ‘글로벌 스탠다드’라는 편집국 전체기획의 취지도 제대로 모르고 대충 짜낸 아이템이었다. 초록 검색창에

'환경'이라고 검색해 건진, 영혼이라곤 찾아볼 수 없는 그런 것이었다. 고작 2년 전이다. 환경문제에 흥미라곤 조금도 찾아볼 수 없었던 이때가.

시끌벅적한 카페 한 귀퉁이에서 이 책을 가다듬고 있는 지금은 이때의 내가 마치 다른 차원의 사람처럼 느껴진다. 태어날 때부터 기후환경 문제를 안고 태어난 세대와 그 이전 세대가 느끼는 환경문제에 대한 감수성은 이렇게 2년여 전의 나와 지금의 나처럼 결이 다르다. 후세대에겐 변명처럼 들리겠지만 너무 먼 미래, 그래서 나와는 무관할 수 있을 것이란 데서 환경문제를 '개인화'하기란 쉽지 않다. 개인화 과정이 결여됐던 이 문제가 너무나 깊숙하게 한 개인의 삶으로 파고든 과정은 의외로 간단했다. 먹고사는 문제와 연관되어서야 비로소 내 문제처럼 느껴졌다.

"기획안이 채택이 됐으니 기사를 쓰라"는 지시가 내려왔다. 심장까진 아니고 콩팥 정도가 내려앉는 기분이었다. 해묵은 아이템을 업계 용어로 '곰탕 기사'라 한다. 플라스틱 문제는 곰탕 중의 곰탕인 데다, 글로벌 스탠다드와 비교해 기사를 쓰려니 막막했다. 독자에게 내어놓을 기사를 데스크한테 올리는 기획안처럼 대충 내놓을 순 없었다. 그제야 발동이 걸렸다. 마침 환경부에서 주최하는 플라스틱 포럼이 열렸다. 때는 2022년 5월 19일, 주제는 '국제사회의 탈플라스틱 협약 논의를 위한 이해관계자 토론회'였다. 거창한 타이틀 가운데 '국제사회'에 꽂혀 한 줄기 얕은 희망을 품고 행사장에 참석했다. 나중에 알고 보니 플라스틱 문제와 관련한 기업들이 한자리에 모인 것이 이날이 처음이었다. 이날부터였다. 이 문제를 '업業'으로 삼겠다고 다짐했던 것이. 기자라는 '직職'을 통해 이 문제를 업으로 삼을 만하다는 생각이 들었던 이유는 그간 쓰레기 문제로 죄책감이 들게 했던 우리 사회의 사회경제 시스템에 대한 배신감과, 무엇보다 나의 무지함에 치민 화를 일로 한번 승화시켜 보고 싶었기 때문이었다. 우리 사회가 알 필요가 있는 사실을 들춰낼 수 있는 자격과 들춰야 할 의무가 있는 기자라는 직을 가졌단 것에 흥분했던 초년의 기자로 다시 돌아갈 수 있을 것 같기도 했다. 개인적 소득이라면 기자라는 직을 통해 개인적 소명으로 몰입하는, 즉 직職과 업業의 일치점을 찾은 것 같았다. 무엇보다 취재 욕구를 자극한 이유는 그간 언론이 제대로 취재하지 않은 이 문제가 서서히 경제적 문제로 대두하는 조짐이 보였기 때문이었다. 한 개인으로 보면 기사를 써야 된다는 먹고사는 문제에서 시작한 일이었지만, 국가경제적으로도 우리의 먹고사는 일이 달려 있었다. 이미 일부 산업계에 깊숙이 침투한 문제였다.

그러나 이날 토론회를 주최한 환경부는 주제 발제자를 찾기도 힘든 수준이었다. 이미 오랜 기간 국제사회에서 논의가 이뤄져 온 플라스틱 문제를 다룰 전문가 풀이 없다는 것도 놀라운데, 언론조차 나를 포함해 두 명의 기자만 모습을 나타냈다. 마치 수면 아래에 가라앉아 문제가 터지기만을 기다리는 악마의 모습을 느꼈다고 할까. 이날 포럼 주제 발표를 위해 환경부가 어렵게 초청한 전문가 계형산 목원대 신소재화학공학과 교수의 발표를 듣고, 며칠 뒤 목원대가 위치한 대전광역시로 그를 찾았다. 대전광역시 유성호텔의 커피숍에서 그가 그동안 연구해 온 자료들을 살펴보면서 홀린 듯한 기분이 들기도 했다. 선진국 반열에 올랐다던 대한민국에 어떻게 이렇게 후진적인 시스템이 남아 있을까 싶을 만큼 놀라운 이야기들이 펼쳐졌다. 이날 만남을 통해 나는 이 문제를 시스템의 문제로 볼 수 있었다. 눈이 트이는 기분이었다. "기자님이 한 번 파보세요. 지방대 교수라 그런가 내 말은 잘 안 통하는 것 같아요"란 그의 마지막 말이 가슴에 꽂혔다. 문제를 직면하고 있지만 어찌할 바를 모르는 무력감, 바로 이 무력감이 계 교수뿐만 아니라 우리 모두가 공히 처한 현실이었다. 그 이후로 나는 제주, 인천, 독일 등 취재할 거리가 있는 곳이면 어디든 달려갔다.

나는 장기 기획안을 들고 편집국장실을 찾았다. 단발적인 기획 기사로 끝내기엔 산적한 문제를 제대로 보여줄 수 없었다. 하지만 플라스틱 쓰레기 문제는 앞서 이야기했듯 곰탕이다. 즉 시의성 측면에서 뉴스News성이 떨어지며, 대안과 해법 모색이 지나치게 광범위하다. 개인과 밀접하지만 또 한편으론 국제적 거대담론이다. 환경에 대한 문제를 국내 언론이 잘 다루지 못하는 이유 중 하나다. 장기간에 걸쳐 서서히 벌어지고 있어 특별한 '사건event성'이 부재하다.

가끔 스스로도 당혹스러울 만큼 무모한 면모를 발휘하여 이번에도 편집국장실 문을 두드렸다. 더 이상 국내에선 얻을 게 없겠단 생각에 "독일을 가서 직접 보고 오고 싶습니다"라고 말했다. 해외 출장은 비용이나 인력 투입 등의 측면에서 충분한 보도의 가치를 입증하지 못하면 소위 '킬'되기 십상이다. 편집국 내부에서 아젠다의 중요성을 설득하는 데 실패하면 기사는 외부로 낼 수 없다. 말했듯 곰탕인 플라스틱 문제를 취재하겠다고 유럽 출장을 가겠다는 발상부터가 도전적인 일이었다. 내부 결재가 차일피일 미뤄졌다. 국장의 구두 허락이 떨어지자마자 나는 인터뷰 대상 섭외 등 취재 일정을 미리 세우지 못한 채 일단 여름 휴가를 붙여 독일행 비행기에 올랐다.

우여곡절 끝에 도착한 독일은 다행히도 그만한 가치를 충분히 내줬다. 코로나19로 하늘길이 막힌 시간 동안 유럽 사회가 얼마나 빠르게 이 문제에 대응했는지, 그리고 독일 사회가 얼마나 진지하게 이 문제를 고민하고 해법을 만들어 나가는지 목격하면서 위기감, 초조함, 열망 같은 복합적 감정이 동시에 왔다. 인터뷰 섭외를 요청하고 대답을 기다리는 동안 독일의 환경도시라 불리는 프라이부르크에서 일주일 살기를 시작했다. 마트를 가고, 음식을 배달시키고, 카페를 가는, 그런 평범한 일상을 보냈다.

호텔에 머물러 완전한 독일살이라 보긴 어렵겠지만, 그럼에도 알게 된 것들이 있었다. 베를린과 프랑크푸르트, 남부의 프라이부르크와 하이델베르크, 독일 환경청이 있는 데사우 등 5곳의 호텔에서 묵었는데, 모두 일회용품 일체를 제공하지 않았다. 유럽 여행의 팁을 하나 전하자면 비누 넣을 갑을 가져가는 것을 추천한다. 3~4성급 호텔에 일회용 슬리퍼와 일회용 세제 도구가 없을 거라고 예상하지 못했다. 심지어 플라스틱 생수병에 담긴 마시는 물도 제공하지 않았다. 당장 마트에 들러 비누와 물을 샀고, 비누는 호텔을 이동할 때마다 들고 다녔다.(2024년 3월부터 우리나라 호텔에도 일회용품 무상 제공 금지가 시행됐다. 이에 따라 고객은 일회용품 유상으로 구입해야 한다.)

그리고 상당수의 커피 전문점에는 플라스틱 일회용품이 없었다. 2022년 10월, 다회용기 규제가 시행되기 두 달 전에도 이미 많은 카페에서 리유저블컵(다회용기)에 음료를 담아 줬다. 이동객이 많은 기차역 커피점에서는 일회용 종이컵을 제공하긴 했지만, 시내에 위치한 카페에서는 다회용기만 제공하는 곳도 많았다. 일회용 종이컵을 주더라도 컵홀더나 플라스틱 컵마개는 거의 제공되지 않았다. 넘치도록 음료를 담아주는 우리나라와 달리 컵의 3분의 2 정도만 음료를 담아 제공했다. 이렇게 하면 뜨거운 음료 같은 경우 컵을 쥘 때 용이하여 플라스틱 리드(마개), 홀더 등 여러 가지 자원을 아낄 수 있다. 데이지 않도록 보호 기구를 또 씌우는 것은 아직 우리 사회가 자원의 사용이나 폐기물 처리의 비용에 대해 무감각하다는 반증이 아닐까. 또 대부분의 빈 음료병에는 500ℓ 생수 기준으로 가격의 절반인 0.15~0.25유로의 '보증금'이 붙어 있다. 우리 돈으로 치면 300원 안팎이다. 버리기엔 아까운 돈이었다. 주말이면 마트에는 바로 이 보증금을 되돌려받기 위한 긴 줄이 늘어선다. 노숙인들이 이 빈 병을 주우러 다니는 것을 쉽게 볼 수 있다. 플라스틱 규제 패러다임으로 '재활용Recycle'은 불완전하다는 인식을 가진 독일은 보다 불편한 플라스틱 물질 사용의 '재사용Reuse'으로 플라스틱 정책 패러다임이 이전한 단계였다. 배낭에 유리로 된 생수병을 꽂고 다니는 광경도 심심찮게 목격할 수 있었다.

이런 독일도 분리배출은 형편없었다. 한 가정집 쓰레기 분리배출장을 방문해 봤더니 엉망진창으로 버려져 있었다. 독일 시민의 쓰레기 처리 우수성에 대해 기사를 쓰려 계획했던 만큼, 당시 독일 시민들에게 실망감도 들었다. 그러나 후에 분리배출을 마치 시민의식의 문제로 보는 것이 우리에게 익숙한 시각일 뿐이라는 사실을 알게 됐다. 이 경험은 시민들에 의존하는 분리배출은 플라스틱 홍수 시대에 해법이 될 수 없다는 발칙한 주장을 하게 만든 주요 사건이었다.

'환경'과 '경제 성장'이 대립되는 가치로 여겨졌을 땐 시민의식을 통한 해법이 가능해 보였지만, 이제는 그 한계가 뚜렷하다. 시민의 의무는 인간의 선의善意에 의존하지만, 선의는 인간에 의해 쉽게 무너지기도 하고, 특히나 경제 규제의 대부분이 '환경'을 중심으로 강화되는 요즘에는 일부 집단적 선의에 의존해 시스템적 문제를 해결하기란 불가능하다. 환경문제에 대한 접근법에서 개인으로서의 우리를 규정할때, '시민citizen'보다 '소비자consumer'가 더 큰 존재감을 발휘하는 시대가 왔다는 이야기다.

(1장)

대한민국 순환경제 방해물

독일의 관료를 만나 인터뷰하면서 "시민들에게 분리배출을 잘하도록 규제해야 할 것 같다"고 훈수를 두자 코웃음을 쳤다. 당시만 해도 플라스틱 문제에 대한 취재 초기였다. 분리배출을 아무리 잘해도 소용없단 것은 이후 업계를 조금 더 취재해 보니 알게 됐다. 폐기물 산업을 깊숙이 들여다본 이들이라면 하나같이 분리배출에 무조건적 정당성을 부여하는 것에 동의를 거부한다. 분리배출 가스라이팅을 이즈음에서 한 번 멈춘 다음 조금 떨어져 바라볼 필요가 있었다.

순환경제와 수요

그동안 우리는 선택권을 쥔 막강한 영향력을 지닌 소비자로서의 역할을 망각해 왔다. 대신 마치 폐기물 처리업자의 도우미처럼 굴어왔다. 순환경제 시대에 소비자는 더 적은 에너지를 쓴고도 더 나은 환경에서 살아가게 될 것이 명백하다. 지속가능한 소비를 하겠다 마음먹은 뒤 이를 실험했다. 어려웠다. 그 이유를 찾는 것은 그리 어렵지는 않았다. 유사한 사회 실험에 성공한 사회가 엄연히 존재하기 때문이다. 우리 사회가 부족한 지점을 찾는 것도 그리 어렵지는 않았다. 바로 소비자의 권리를 인정받지 못한다는 것이다.

어느 제로웨이스트의 선택

개인적으로 인간을 가장 바꾸는 것은 직접적 경험만 한 게 없다는 방구석 철학을 갖고 있다. 밥벌이하면서 우연히 접하게 된 이 문제가 삶으로 침투하게 된 결정적 동기는 사실 먹고사는 문제보다 직관直觀, intuition이었다. 나의 직관은 독일 베를린의 프리드리히 샤인Friedrish chain에 거주 중인 비건이자 제로웨이스트 실천가인 30대 중반의 최미연 씨를 만난 것이었다. 비건도 익숙하지 않은데 거기에 제로웨이스트까지. 과잉 소비에 영혼을 맡긴 허기진 자아를 가진 나로선 그를 만나기 전까지는 전혀 상상할 수조차 없는 삶의 방식이었다. 비건이란 완전 채식주의자다. 식물을 재료로 만든 음식만을 추구해 일반적으로 알려진 채식주의자보다 훨씬 철저하다. 동물성 재료는 섭취하지 않는다. 또 제로웨이스트는 쓰레기waste 배출량을 제로zero에 가깝게 줄이는 것을 뜻한다. 그녀의 옷장엔 바지 4벌, 외투 5벌이 전부였다. 옷을 구매하는 일은 거의 없다고 한다.

미연 씨의 첫인상은 개방적인 사람이었다. 선뜻 집을 보여주고 사는 방식을 기자에게 소개했다. 무엇보다 그녀가 걸친 옷들이 그녀의 스타일에 자연스럽게 녹아든 모습이 인상적이었다. 한국 최신 유행의 흔적을 여기저기 붙이고 온 나는 그에게 어떤 모습이었을까. 내 눈에 비친 그녀는 그 자신이 하나의 브랜드 같았다. 나라는 브랜드보다 세속적 브랜드로 나를 보여주려고 애쓴 내 모습이 내심 멋쩍었다.

그녀는 비건과 제로웨이스트 삶을 위해 2년 전 유럽으로 훌쩍 떠나왔다. 유럽이라고 완벽한 것은 아니지만, 선택권이 넓어 한국에서의 생활보다는 스트레스가 훨씬 적었다. 생활의 편리함은 물론 따가운 시선으로부터의 해방까지, 모든 것이 한

국보다 훨씬 자유로운 편이었다. 운동화 두 켤레를 꿰매어 신는다. 닳고 벗겨진 텀블러 2개를 수년째 쓰고 있고, 보관 용기는 플라스틱 포장 용기를 재사용한다. 가진 것 중 도난을 우려해야 할 가장 값진 물건은 기껏해야 카메라 정도다. 카메라는 최씨의 밥벌이 도구다. "누구도 내가 무엇을 먹든, 입든 혹은 벗든 신경 쓰지 않는다. 길거리에선 시선과 시선이 마주치지 않고, 주변에서도 나에 대해 섣부르게 자신들의 기준으로 평가하지 않는다"라고 말했다.

그녀는 소비에 있어서 자신이 추구하는 가치를 실천하는 데 우선순위를 두었다. 몸을 씻는 데는 샴푸용 비누와 세안용 비누 두 가지면 충분하다. 제로웨이스트 샵에서 구매하기 때문에 포장과 같은 쓰레기도 남지 않는다. 주방 세제는 리필 샵에서 리필하고, 미세플라스틱을 유출하는 세탁기 사용은 가급적 줄이고 30도로 물빨래를 한다. 오염이 있을 땐 베이킹소다와 식초를 쓴다. 물은 수돗물을 끓여서 마신다. 주로 걸어 다닌다는 그녀는 음식도 절대 남기는 법이 없었다. 음식을 앞에 두고 깨작거리는 나와는 달리 에너지를 많이 소모하니 식성이 좋았고 몸은 슬림했다. 걸음에선 탄탄한 탄성이 느껴졌다. 실제 그녀는 원하는 물품을 구매하기 위해 걸어서 20분 거리의 매장을 방문하는 수고로움을 꺼리지 않았다. 그녀가 배출하는 플라스틱 쓰레기는 요거트가 전부다. 그녀의 유일한 쓰레기 사치품이다. 그녀에게 물건의 용도는 쓰임에 맞게 쓰이는 것일 뿐이다. 그녀의 존재를 증명하는 것들은 그녀가 추구하는 가치에 있었다. 물건이 없는 삶은 가볍고 자유롭기에 개인이 할 수 있는 가장 지속가능한 삶의 방식으로 보였다.

미연 씨는 환경시민의 다소 '이상적idealistic' 모습이다. 욕망의 무한함에 비해 자원은 한정된 탓에 모든 인간의 삶엔 저마다의 '제약constraint'선이란 게 존재한다. 그녀가 가한 제약선은 비건과 제로웨이스트가 되는 것이었다. 우리 모두가 그녀 같은 제약선을 지키고 살 순 없겠지만, 독일에서 비건이나 제로웨이스트 소비자를 위한 산업계는 매우 활성화돼 있다. 많은 소비자가 원하기 때문이다. 소비자들은 포장재를 없애는 기업을 선택한다. 기업들은 이런 민감한 소비자들을 대상으로 더욱 간소화한 포장법을 개발해 내놓는다. 환경적 가치를 최우선으로 두는 그녀는 소비 행위 자체를 거의 하지 않는 삶을 택했고, 그런 삶을 추구하는 데 보다 걸림돌이 적은 유럽으로 주거지도 옮겨버렸다. 훌쩍 떠나고 싶을 때, 그리고 반대로 머무르고 싶은 곳에 머무르려 할 때, 이렇게 우리가 실현하고 싶은 삶을 꿈꿀 때 대개 '경제적 자유'가 우선이라 생각하지만, 소유가 주는 무거움에서 벗어나는 것이 보다 직접적 경로로 빠르게 도달할 수 있단 것을 그녀를 통해 깨달았다.

편집 없이 타인의 삶을 매분 매초 직관하면서(그녀는 전혀 의도하지 않았겠지만) 모든 마디마디가 칼날처럼 꽂혔다. 그녀와 달리 나는 물건들이 나의 가치를 증명해 주는 것처럼 사들이는 사람 중 하나였다. 하고 싶지 않은 일을 하고, 만나고 싶지 않은 사람들을 만나고, 부조리에 순응하는 대가로 물건을 사들이면 기분이 좀 나아지는 것이었다. 축적이 아니고선 나의 허기진 상태를 어디에서 보상받을 수 있는지 알지 못했다.

그런데 역설적으로 소유와 물건에 대한 집착이 사라지자 더 큰 충족감이 생겨났다. 할 수 있는 것들이 무한대로 확장되는, 제약선이 더 넓어진 느낌이었다. 타인이 정해놓은 제약선이 사라진 탓에 나의 제약선을 스스로 그려보니 공간이 무한대였다. 심리적 조바심이 사라진다. 더 채우려는 소유가 사라지니 물리적인 공간도 돈도 더 남아돈다. 예전이라면 해진 명함지갑은 고민 없이 버리고 바로 새것으로 샀겠지만 이젠 수선할 만한 가게를 찾는다. 공간을 크게 차지하는 여행용 캐리어를 하나 더 사는 대신 대여가 가능한 업체를 알아본다. 넓은 집보단 작은 집이, 자가용보단 대중교통이나 자전거가, 명품 가방 대신 에코백이, 일회용컵보단 텀블러가 이젠 더 애착이 간다. 텀블러에 커피를 주문할 때마다 스스로 멋진 사람처럼 느껴지기도 한다. 친환경적 소비행동은 개인의 자아존중감과도 밀접해 자존감을 높여준다. 친환경 의식과 소비의 상관관계에 대한 연구들에 따르면 보통 자아존중감이 높은 사람일수록 사회적 관계에서도 긍정적으로 반응하며, 친환경 의식도 높게 나타난다.[5] 역으로 친환경적 행동이 자아존중감을 높여주는 것도 충분히 가능할 것이다.

---

5) 유두련, 『자아존중감에 따른 친환경의식과 친환경소비행동에 관한 연구』, 소비자정책교육연구, 9(3), 2013, 85–105p.

그러나 모두가 최미연 씨처럼 극단적 제로웨이스트로 살아갈 순 없다. 소비는 자원을 어떻게든 사용할 수밖에 없기에 일각에서는 경제 성장을 멈추는 걸 받아들이고 소비를 줄여야 한다는 극단적 목소리를 내는 이도 있다. 그러나 이는 인간의 다양한 욕구와 성장에 대한 욕망을 담지 못한다. 탈脫성장, 탈자본주의, 생태주의의 강조는 오히려 생태주의에 대한 반격의 빌미를 제공할 위험을 갖고 있다. 파이가 줄어드는 수축사회는 제로섬 투쟁[6]의 형태로 나타날 위험이 있으며, 디플레이션[7]의 피해는 경제적 약자에게 더욱 가혹하기 때문이다. 환경 우선주의는 주류적 담론으로 받아들여지기 힘들며, 환경론자의 주장은 비주류에 머물 수밖에 없다. 미국에서 시작된 미니멀리스트의 유행 역시 단순한 삶이 주는 유익성과 미니멀리즘이 지향하는 가치를 추구한다는 점에서 하나의 삶의 방식으로 각광 받고 있지만, 이는 다양한 삶의 방식의 한 조각일 뿐이다. 소비를 통해 부가가치를 창출하는 경제 성장 모델에서 미니멀리즘은 시스템적 문제를 해결하진 못한다. 방법은 서플라이 체인supply chain(연쇄적 생산 공급 과정)의 변화와 이를 촉구할 수요의 전환을 통해 주류로 거듭나는 것이다. 이는 국지적 수요의 변화를 통해서도 생산의 변화를 촉구할 수 있고, 정치적 공백기에도 효과를 유지한다. 전체적이고 집합적 방식의 제도적 규제는 가장

---

6) 모든 이득의 총합이 항상 제로가 되는 상태인 제로섬(zero-sum) 게임에서는 여러 사람이 서로 영향을 받아 투쟁적 상황이 전개될 수 있다.

7) 물가수준이 장기간 하락하고 경제활동이 침체되는 현상.

손쉬운 방법이다. 하지만 정치적 리더십 공백 상태에서는 '전부가 아니면 제로all or nothing'의 상태로 빠진다. 반면 소비는 일부 소비군의 확실한 변화만으로도 이의 달성으로 이끌 수 있다. 기업에 가장 두려운 존재는 구매자이기 때문이다.

주목받기 시작한 소비의 힘

이미 유엔UN에서 제시한 '지속가능성Sustainability'은 이같이 환경과 성장은 대척점에 있다는 전통 사고방식에 도전한다. 지속가능한 발전이란 "미래 세대의 욕구를 충족시킬 수 있는 능력을 훼손시키지 않으면서 현재 세대의 욕구를 충족시키는 발전"이라고 1987년 'UN 환경과 개발에 관한 세계위원회WCED'는 정의했다. 그 이후로 지속가능발전목표SDGs에 대한 개념이 구체화되고 확대했다. 그러나 개인의 실천 방식으로 생각하면 모호하게 느껴진다. 미래 세대와 공존을 추구하는 개인들의 노력은 현재로선 그저 답을 찾기 어려운 파편화된 개인 과제로만 느껴진다. 대체육을 찾아서 먹고, 최대한 불필요한 소유를 줄이며, 지속가능한 제품을 생산하도록 기업을 압박하라는 것인가. 아니면 시민사회와 정치에 위임하고 무임승차할 것인가. 국내총생산GDP 기준 전 세계 4위의 경제 대국이면서도 소비에 쿨하고, 까칠한 독일인에게서 실천할 수 있을 만한 지속가능한 소비의 해답을 엿봤다. 물질적이고 과시적인 소비 만능 시대를 살고 있는 한국사회에서는 '팬시Fancy'하고, '힙hip'하고, '트렌디trendy'하고, '핫hot'하다는 용어들이 큰 비판 없이 소비된다. 소위 '유행템'을 파악해 전파하는 인플루언서들과 유행템을 만들어 내는 셀럽과 패션 산업의 공생 생태계도 두텁다. 이른바 '슈퍼 컨슈머[8]'의 탄생 기제다.

반면 독일에선 백화점에 아무렇게나 진열된 물건을 보면 '선진국이 맞을까'란 생각이 들다가도 독일인들이 열정을 보이는 지점이 '물질적 소비'가 아니라는 점에서 고개를 끄덕이게 된다. 만일 당신이 등산복 애호가라면 독일에서는 이질적이지 않게 거리에 녹아들 수 있을 것이다. 등산용 백팩과 등산화는 독일의 전 세대에 걸친 유행템이었다. 남녀노소를 막론하고 기능에 충실한 아웃도어 제품을 걸친 이들이 도심의 쇼핑거리를 활보한다. 길거리를 돌아다니는데 명품이 드물고 등산화가 흔한 모습이 너무 생경했다. 독일인들에게 어떻게 보이는가는 중

| 독일 주요 도시를 돌며 마주친 독일인들의 모습

8) 제품이나 브랜드에 대해 깊은 애정과 전문 지식을 갖추고 있으며, 적극적으로 참여하고 영향을 미치는 열정적인 소비자를 뜻한다.

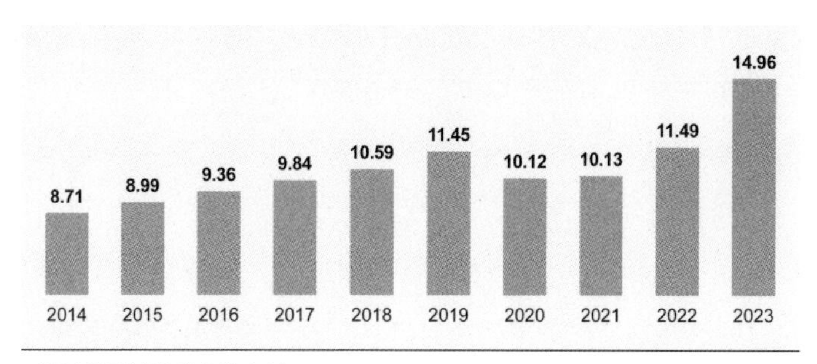

| 독일 명품시장 매출액 추이 출처: Statista 단위: 십억유로

요하지 않아 보였다. 기능에 충실한 소비 성향이 강한 탓일까. 독일인에게 왜 길거리에서 등산화를 신고 다니냐 물었더니 외려 그런 걸 왜 묻느냐는 식의 표정으로 "음, 글쎄요. 따뜻하니까?"라는 답이 돌아왔다. 질문을 던지고 난 이후 잠깐 흘렀던 침묵의 시간이 머쓱했던 기억이 있다. 이들에겐 너무나 일상적인 광경이기 때문이다.

'독일의 길거리에는 부자가 없다.' 겉치레가 아닌 집을 방문해 봐야 비로소 그의 경제 수준을 알 수 있다는 뜻에서 나온 말이라고 한다. 비로소 독일이 이해가 됐다. 오픈런(새벽부터 줄을 서서 매장이 오픈하면 바로 달려가는 행위)과 코로나19 시대 백화점의 명품 판매량 증가로 대표되는 한국의 팬시함과 확연히 다른 이유를. 일례로 코로나19 이후 독일의 명품 매출을 보면 알 수 있다. 독일의 명품 시장 규모는 경제 규모와 함께 증가세를 보이며 연 3% 수준의 안정적 성장을 보여왔다. 증가세를 주도하는 주요 수요 중 하나로 아시아와 러시아 등 관광객 수요가 큰 축을 차지해 왔다.

그러나 코로나19로 인한 경제 봉쇄로 관광객 수요가 사라진 독일의 명품 시장의 매출은 급감했다. 글로벌 시장조사업체인 슈타티스타Statista에 따르면 봉쇄가 한창이었던 2020년 독일의 명품 소비재 매출액은 전년 대비 11.5% 감소한 것으로 조사됐다. 반면 이 기간 시장조사업체 유로모니터에 따르면 우리나라의 명품 시장은 독일을 제치고 전 세계 7위로 올라섰다. 인구 규모(한국의 약 1.6배)와 경제 규모를 고려할 때 우리나라의 1인당 명품 소비는 독일을 압도한다. 소비가 경제 성장에 차지하는 기여가 높진 않지만, 그렇다고 독일의 소비 시장이 침체된 것도 아니다. 독일인들은 바이킹, 여행, 등산, 캠핑 등 아웃도어 활동과 체험 소비에 대한 집착이 유별나다. 자동차 사랑으로도 유명하지만 자전거 사랑도 남다르다. 트램과 자전거, 자동차가 하나의 도로에서 동시에 달리고 자전거용 신호등은 도보용 신호등과 별개로 작동한다. 어린이 자전거 시트Fahrrad Kindersitz에 5세 이하 영유아를 태우고 온 가족이 자전거로 이동하는 모습도 심심치 않게 볼 수 있다. 독일 국민들이 자전거 주행을 얼마나 안전하다고 느끼는지를 단적으로 보여주는 대목이다.

코로나19를 전후로 이 같은 삶의 방식 차이 훨씬 더 두드러진 모양새다. 기후위기 시대 독일인들의 팬시함을 드러내는 소비 방식이다. 글로벌 컨설팅 업체 맥킨지가 독일인 소비자 5,000명을 대상으로 한 설문 조사 결과에 따르면 일상적인 소비에서 '지속가능성'을 고려한다(인식)고 대답한 사람이 전체의

78%에 달했고, 그중에서 절반 이상인 51%는 팬데믹을 경험한 이후 지속가능 소비 관련 진출을 더 늘렸다(행동)고 대답했다. 세계경제포럼WEF에 따르면 2019년 11월 기준 독일의 국내선 항공편 수는 전년 동월 대비 감소했으며, 다른 유럽 도시로 가는 항공편은 1.9% 감소했다. 반면 독일 국영 철도 회사인 도이치반Deutsche Bahn은 2019년 1만 5,000명 이상의 기록적 이용객 증가를 기록했다. 이를 놓고 전문가들은 그레타 효과라고 분석했다. "독일에서 녹색당에 대한 지지는 꾸준히 증가하고 있으며, 최근 여론조사에서는 녹색당이 집권 연합을 앞서고 있다. 이런 경향은 기후 운동가 그레타 툰베리Greta Thunberg의 외침에 대응하고 전 세계 사람들이 행동을 변화시키는 '그레타 효과'라고 불리는 것과 일치한다"고 평가했다. 독일에서 만난 한국인들 대부분은 한국으로 다시 돌아갔을 때의 삶을 상상하는 것이 쉽지 않다고 했다. 같은 지구상에서 독일과 한국의 삶의 방식

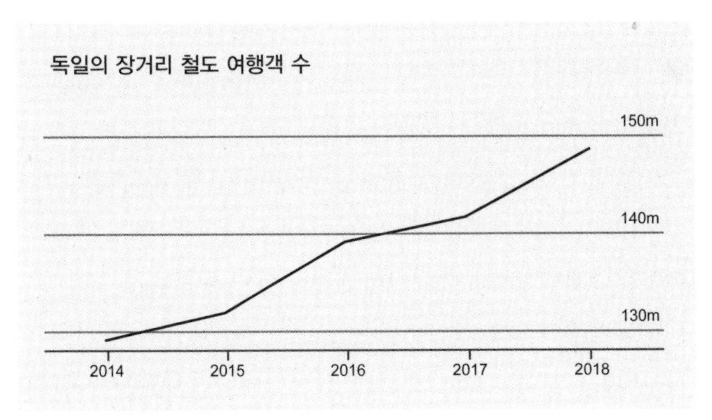

| 철도 여행 독일인들이 꾸준히 늘어나고 있다.
출처: 독일국영철도회사Deutsche Bahn AG

이 이렇게까지 차이가 날 수 있을 것이라곤 예상하지 못했다.

현재 기후변화나 순환경제 같은 거창한 이야기들의 가장 큰 맹점은 '개인'이 논의에서 소외돼 있다는 점이다. 기후위기 대응 논의엔 실존적인 질문이 빠져 있다. 기능적이고 기술공학적 대응에만 몰두하며 그 누구도 새로운 시대적 전환점에 맞선 한 인간이 어떤 가치를 우선에 두고 살아야 하는지 제시하지 않는다. 소비는 어떤 모습이어야 하는가, 어떤 일상이 가치 있는가 제시하지 않는다. 소비 변화는 2022년 4월 '기후변화에 관한 정부 간 협의체IPCC'의 제6차 평가보고서 제3실무그룹 보고서 '완화'편에 처음 언급됐다.[9] 주로 공급 측면의 대응을 다룬 그간의 보고서들과 달리 수요 측면의 대응이 처음 조사됐다. 그 결과 모든 공급 측면의 노력보다 수요 관리가 어마어마한 폭발력을 지닌 것으로 평가됐다. 다시 말해 산업이 온실가스를 줄이려고 노력하는 것보다 훨씬 비용도 적게 들고 온실가스 배출도 폭발적으로 줄일 수 있다는 것이다. 이 보고서에 따르면 모든 부문에서의 '수요 관리'는 상대적으로 저렴한 비용으로 2050년까지 40~70%의 온실가스 배출을 줄일 수 있는 것으로 평가됐다. 채식, 음식물 쓰레기 감소, 전기차 사용, 대중교통 활용 등 소비 변화를 통해 큰 폭의 온실가스를 줄일 수 있다고 IPCC는 소개했다.

9) 기상청 보도자료, '2030년까지 전 세계 온실가스 순 배출량 43% 줄여야', 2022.04.

특히 우리나라의 기후위기 대응은 지나치게 전문가 담론으로 흘러가고 있다. 개인과 사회적 담론이 거의 실종된 상태에서 기후위기 대응은 휘청일 수밖에 없다. 최미연 씨 같은 비건과 제로웨이스트의 등장을 비롯해 기후위기에 민감한 Z세대의 등장은 이제 기업도 바뀌지 않으면 안 된다고 이야기한다.

전 세계가 16세의 나이에 '기후를 위한 등교 거부' 표지판을 들고 의회에 혼자 앉아 있었던 그레타 툰베리가 미친 영향력에 주목한다. 친환경 소비자의 대두는 소비재 기업에게 가장 큰 리스크임엔 틀림없다. 맥킨지에 따르면 환경에 영향을 덜 주는 제품에 더 많은 비용을 지불할 의사는 나이가 어릴수록 높다. 맥킨지가 미국에서 실시한 코호트 조사에서 친환경 제품에 더 많이 지출하겠다는 응답이 베이비 부머 세대는 12%였으나, X세대 17%, 밀레니얼 세대는 26%, Z대는 31%로 어릴수록 높았다.[10]

그러나 한국에서는 세대 간 차이가 뚜렷하지 않다. 유사한 시기 KB금융지주가 KB카드와 실시한 설문조사에서 '제품이나 서비스 구매시 친환경 활동 고려 정도'에 대해 우리나라는 베이비붐 세대가 3.4점으로 가장 높았으며, X세대 3.3점, Z세대 3.2점, 밀레니얼 세대 3.1점 순이었다.[11] 베이비붐 세대가 오히려 친환경 제품을 더 구매하는 의사가 높단 조사 결

10) Mckinesey&Company, 〈The State of Fashion 2020〉, 2019.10.
11) KB금융그룹,〈소비자가 본 ESG와 친환경 소비행동〉, KB트렌드보고서, 2021.09.

미국의 젊은 세대들은 환경에 더 적은 부정적 영향을 미치는 제품에 더 높은 지불 의사가 있다고 답했다.

미국 소비자 세대별 친환경 제품 지불 의사(2019년)

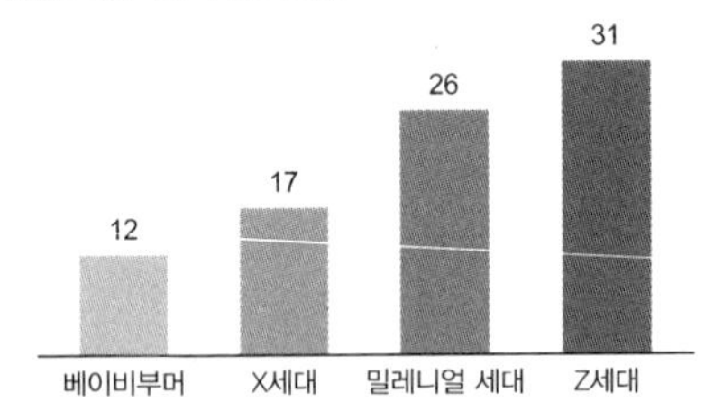

출처: 맥킨지

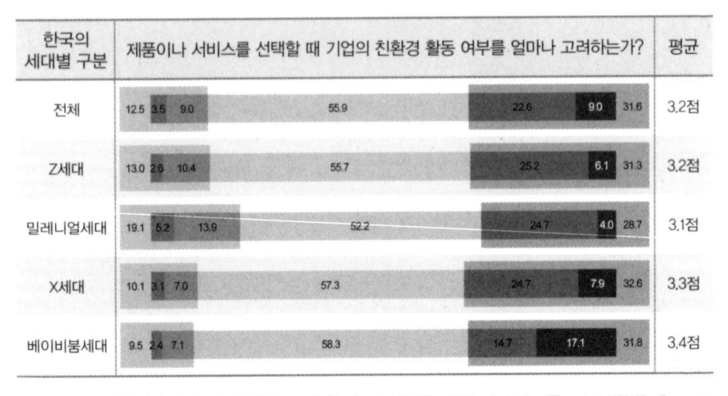

| 미국과 한국의 친환경 소비 의향에 대한 설문조사 비교

출처: KB금융

과는 매우 독특하다 할 수 있다. 우리나라의 젊은 세대의 의식 수준이 기성세대와 별반 차이가 없다는 것이 의미하는 바는 결코 가볍지 않다. 일각에선 입시 위주의 교육으로 환경 문제엔 관심을 보이지 않는 세태를 거론하지만, 이는 그저 우리 사회 전반이 환경에 대한 감수성이 부족한 한 조각의 일부일 뿐이다.

지속가능한 소비의 어려움, 나만 그런 게 아니다

지속가능한 소비자가 되겠다, 즉 행동하기로 마음을 먹은 이후 소비는 어떻게 바뀔 수 있을까. 또 지속가능소비는 어떤 방식으로, 얼마나 나의 일상에 영향을 미칠까. 전력투구로 살아가야 겨우 제자리를 유지할 수 있는 치열한 경쟁 사회에 나에게 괜히 더한 부담을 주는 것은 아닐까. 친환경 제품에 내가 얼마나 추가적 비용을 더 지불할 수 있을까. 나는 이로써 더 주류 집단에서 멀어지는 것은 아닌가. 개인적 수준에서 봤을 때 지속가능소비는 경제적 차원을 넘어 심리적, 정신적으로도 영향을 미치고 있었다.

경제학, 심리학, 사회학 등 다양한 분야에서 학제적 연구가 이어지고 있지만, 이제야 소비에 대해 조금씩 연구가 이뤄지기 시작하면서 개인적 차원에서 벌어지는 다층적인 양상들이 조금씩 조명되고 있는 단계다. 지속가능한 소비에 대한 한 연구에 따르면 기후변화에 대처하는 개인이 변화를 가져올 수 있다고 믿을 때 라이프 스타일을 바꿀 가능성이 더 높았다Goldblatt 2005. 나아가 이는 모든 사람이 완전한 행동가가 되지 않더라도 생산의 변화를 촉구할 수 있단 점에서 강화 매커니즘으로도 활용될 수 있다. 실제 기업들은 제품에 대한 고객들의 민원에 대한 모니터링을 매우 꼼꼼히 하는 편이다. 소비자들의 반응에도 매우 민감하다. 한 통의 전화나 댓글이 기업의 행태를 바꿀 수도 있다. 이 사실을 안 이후 나는 상품 후기를 꼼꼼히 작성한다. 환경적으로 얼마나 지속가능한 제품을 만들었는지, 포장재에 신경을 썼는지 여부를 중심으로 가차 없이 평가한다. 이것이 바로 공동체적 해결 방식의 하나라 믿기 때문이다. 또 더 순환성이 높은 제품을 만드는 데 세심한 노력을 기울이는 기업을 선택하려 한다. 낡은 선형경제 생산 방식을 버리지 못한 기업에게 돌아가는 작은 대가인 셈이다. 이 외에도 기자라는 직업을 활용해 어떻게 변화를 촉구하면 좋을지 고민하기도 한다.

개인적으로 이런 소비를 압축적으로 실험할 수 있는 실천 기회가 주어졌다. 이 실험은 사실 현재 재학 중인 대학원의 과제 중 하나의 일환으로 진행된 것이었는데, 한 달을 2주씩 나눠서 전기와 후기에 얼마나 탄소배출을 줄였는지 계량하고 일기를 써서 내는 과제였다. 나는 이 과제를 생활습관lifestyle의 변화에서 그치지 않고, 지속가능한 제품의 소비가 가능한가에 대한 개인적 실험에 보다 초점을 맞춰 진행했다. 개인이 유발하는 소비의 간접 효과에 주목한 것이었지만, 의외로 소비가 개인에게 직접적으로 영향을 주는 부분이 상당하다는 것을 발견했다.

우선 이 시기 나의 소비 생활에 큰 변화를 불러온 주요 사건 하나를 먼저 언급하면, 최근 만학도의 삶을 살게 되면서 학업과 일을 병행하기 위해 20평짜리 아파트에 살다 학교 근처로 이사를 결심했다. 3평 남짓한 공간으로 이사를 하게 되면서 '공간'이 주는 영향을 새삼 깨달았다.

공간은 축적을 허락하는 곳이었다. 너무 많은 물건을 사들이기도 했고 필요와 상관없이 선물 받은 물건도 많았다. 놀라웠던 건 우산만 거의 20개에 육박했다는 것이다. 지금은 아끼는 2개만 남기고 모두 기부했다. 그 이후로 일회용 우산은 절대 사지 않기로 다짐했다. 우산을 챙기지 못한 날엔 그냥 맞고 다니게 됐다. 공간을 줄이기 위한 과정에서 나는 수십 개의 기부박스와 대형 종량제 봉투 50리터 6봉과 10리터 5봉이 필요했다. 불필요한 옷이나 가방, 책, 전자 기기, 주방용품, 음식물 등이 넘쳐났다. 심지어 택tag을 제거하지 않은 새 제품도 많았다. 죽음을 생각하면 값진 하루하루가 주어진다는 인간중심적 가치는 강조되어도, 죽음 이후 남겨질 물건에 대해 성찰의 기회를 널리 가졌던 적이 있던가. 무비판적 소비는 이제 절대 하지 않으리라 다짐했다. 인간에게는 필요한 최소한의 거주 공간이 있다고 한다. 그 최소한을 결정하는 것은 자신의 소유의 크기가 아닐까. 소유하는 것이 적으면 공간에 대한 욕망도 줄어들 수 있다. 서너 평의 이 공간은 오히려 아늑함을 주기도 한다. 오롯이 글을 쓰고, 일하고, 연구하는 생활에서 불필요한 상념도 공간만큼 줄어든다.

공간을 줄이면서 최소한의 소비에 필요한 조건을 고민하게 됐고, 앞으로 소비의 조건으로 △제품 자체의 우수성(그래야 오래 쓸 수 있기 때문에) △수리 가능성 △부품의 교체 가능성 △가격 부담의 최소화 등을 우선순위에 넣기로 했다. 나아가 불필요한 제품 포장재의 간소화와 재생가능한 원료 적용, 재생 가능성 등도 동시에 포함했다.

이는 산업이 가장 두려워하는 존재가 소비자이기 때문에 넣은 조건들이다. 기업은 규제에는 대응할 수 있다고 여겨도, 소비자가 바꿔놓은 시장을 거스르지는 못한다. 더 지속가능한 상품을 내어놓을 수 있도록 만드는 힘이 소비자에 있고, 수요는 공급과 더불어 핵심 축으로 시장market을 주조하는 주체다. 해외 소비재 기업이 고객인 한국의 중화학 소재 기업들은 이런 지속가능한 경제 시스템으로의 변화에 민감한 데 비해 소비재 기업의 더딘 정도는 말하기에 입이 아플 정도다.

한국 소비 문화에서도 원인을 찾아야 한다. 안타깝게도 아직 대한민국 소비자들에게 주어진 선택권은 너무 좁다. 필요를 충족하고 환경적 부담을 덜 주는 제품을 선택할 수 있는 시장이 거의 형성되어 있지 않으며, 그런 제품에 대한 신뢰도 수준도 높지 않다. 세제 사용을 줄이고, 플라스틱 폐기물 배출을 줄이기 위해 세제를 모두 비누로 바꿨더니 머릿결이 나빠지고 가격도 비싼데다 쉽게 문드러지기까지 했다. 이런 제품은 시장에서 퇴출되는 것이 옳다. 친환경적 소비자의 구매의사에 전적으로 의존하는 것은 이 시장의 대중성을 방해할 뿐이다.

다시 액상형으로 돌아가려고 제로웨이스트 샵을 주변에 검색했다. 근처 3.2km 거리 상도동과 3.3km 거리 사당동에 한 곳씩 위치해 있었다. 차량으로 이동해야 했다. 결국엔 바쁘다는 핑계로 근처 편의점에서 골랐다. 미연 씨는 유럽으로 건너가기 전 한국에서 주거지를 고를 때면 주변 제로웨이스트 샵이 걸어서 갈 수 있는 거리인지를 보고 선택한다고 했다. 그 이유를 이제야 비로소 실감할 수 있었다. 아직 국내에서는 친환경 의지를 가진 소비자들이 제약 없이 소비 활동을 하기엔 어려운 시장이다.

그러나 단점만 있는 것은 아니다. 단점을 충분히 만회할 장점이 있다. 바로 정돈할 물건이 줄어들어 삶이 간소해졌다는 점과 저축이 늘어난다는 점이다. 2022년 카드 사용액을 보니 일 년 전보다 14% 줄었고, 2023년엔 또 39%가 줄었다. 신용카드로 지불한 관리비와 통신 요금 등 고정 지출액을 감안할 때 소비 수준은 친환경 태도를 갖기 이전과 비교해 최소 50% 이상 줄어든 것이다. 공간을 줄여 이사를 온 이후에는 이보다 더 줄어 월 저축액이 급여의 80%까지 늘었다. 불과 2~3년 전이라면 대부분이 소비에 쓰였을 돈이다. 이 같은 저축액의 증가를 가져온 가장 주요한 설명변수는 지속가능소비를 택하면서다.

하지만 친환경 제품은 비싸다는 인식이 강하다. 이에 상대적으로 경제적 여유가 있는 계층에서나 고려할 수 있는 소비 방식이란 인식도 높다. 미국에서는 계층적으로 '부유층과 엘리트'가 친환경 제품과 관련이 있다는 사실을 발견하기도 했다. 그러나 친환경 제품을 선택하는 것은 친환경 의도를 가진 이들이란 점, 그리고 이들은 소비 욕망에 대한 제어를 통해 오히려 과시적 소비를 줄일 수 있단 점은 간과됐다. 친환경 제품은 대체로 비싸더라도 친환경 소비자는 검소하며 간결한 삶을 살 수 있는 이들이다.

이런 친환경적 소비 성향을 지속시키고 강화하기 위해 대학원 과제에서 내가 택한 행동 목표는 '요구하기'였다. 미연 씨처럼 유럽으로 훌쩍 떠날 수 없다면, 우리 사회에 조금씩 파문을 던져보는 것이었다. 지속가능제품을 구매하는 것에서 나아가 먹을 만큼 덜어 달라고 요구하기, 불필요한 포장재나 먹지 않을 반찬은 거부하고 되돌려 주기, 컵홀더와 마개(리드)는 빼 달라고 요구하기 등 '거부하기와 요구하기'를 하는 것이다. 하지만 이런 행위는 상대방의 행위를 변화시키기 위한 것이란 점에서 섬세함과 친절함, 무례하지 않을 말투 등을 갖춰야 한다. 개인적으로 '괜찮아요' 또는 '해주세요'라고 말하는 것이 수동적으로 소비 수준을 줄이는 것, 즉 물을 적게 쓰고, 전기를 절약하는 것보다 훨씬 더 힘들었다.

특히 개인주의적 문화가 약한 한국 사회에서 이런 요구를 한다는 건 퍽 곤란할 때가 많다. 코스 요리를 주문하면 마지막 요리로 항상 주식이 나온다. 이미 배가 부른 상태라도 그동안은 주문을 하곤 했다. 음식을 남기지 않는 것에 대한 내적 계기가 크지 않았던 탓도 있지만, 혼자 튀는 불편한 분위기가 더 싫었던 것 같다. 실제 거부 이후에 생기는 묘한 이질적 분위기를 풀어가는 것은 퍽 곤욕스럽다. 거부나 요구는 분명 쉽지 않다. 주류 사회인에서 밀려나는 것 같은 기분이 들기도 한다. 작은 공간도 충분히 만족할 수 있음에도 초소형 집을 사는 것은 불안하다. 역사적으로 보면 초소형 아파트가 상대적으로 집값이 덜 상승했기 때문이다. 여러 불안과 고민거리들이 주어지는 일이다.

그래서 지속가능소비가 무엇이냐, 어떻게 하는 것이냐 묻는다면, 이에 대한 개인적 답은 '선택할 수 있는 내적 힘'을 갖는 것이라고 답하고 싶다. 어쩌면 (소비가 우리를 규정하진 않지만, 많은 부분에 걸쳐 있는 만큼) 선택의 주체가 타인이나 외부가 아닌 스스로의 삶 그 자체일 수도 있다. 진정한 지속가능한 수요는 '6R'의 공식에 하나를 더한 '7R'로 완성될 수 있다. 이는 보다 강력한 지속가능소비자를 포함한다는 점에서다. '거절하기Refuse, 고쳐 쓰기Repurpose, 다시 쓰기Reuse, 아껴 쓰기Reduce, 재고하기Rethink, 재생하기Recycle' 등 6R에 '요구하기Request'를 추가하는 것이다. 우리는 신이 아니기에 절대적일 수 없다. 상대적, 주관적 존재다. 요구를 통해 주류Mainstream를 변화시켜 나가지 않으면 계속해서 비주류로 남을 수밖에 없다.

다음은 7R을 고려한 지속가능한 소비 요령이다.

- 재활용 용이성과 재사용 및 수리가능성이 높은 제품을 고른다.
- '재생Recycled' 원재료를 사용한 제품을 고른다.
- 상품 후기에 이같은 구매 요건에 해당 제품이 얼마나 충실했는지 작성한다.
- 필요 소비 제품 및 서비스 대비 과잉 생산된 것들은 거부한다.
- 심지어 일회용 포장재는 판매처에 도로 반납해도 좋다.

분리배출 가스라이팅을 멈춰야 하는 이유

지속가능한 소비를 언급하려면 과잉 플라스틱 시대를 해결할 주요 행동인 분리배출 이야기를 짚고 넘어가야만 한다. 이 책은 분리배출은 반드시 친환경적이지 않음에도, 친환경 행동의 대표적 수단으로 여겨짐으로 인해 다른 주요한 행위인 지속가능 소비 행동을 약화시킨다는 주장을 펼치고자 한다. 즉 이는 기업의 친환경적 생산을 지지할 소비의 역할을 약화시킨다는 것이다. 해외에서는 친환경 의도intention와 행위behavior 사이에 존재하는 '그린 갭Green Gap[12]'을 이해하는 것이 제도 및 기업 부문의 친환경 전략 설계의 주요 과제로 대두하고 있다.

분리배출은 국가가 개입한 시민의 의무다. 깨끗하게 씻어서 배출하는 노력을 기울였을 때 친환경 의도를 가진 행동의 범주로 포함된다. 2년마다 실시되는 국민환경의식조사에서 분리배출 행동은 2022년 조사에서 처음으로 환경보전을 위한 행동으로 설문 대상에 포함됐다. 이번 조사에서는 친환경 자동차 구매, 운전(급발진, 급제동 자제, 정속 주행 등)과 더불어 '종이, 플라스틱, 병, 캔 등의 쓰레기를 깨끗이 씻어 분리배출 한다'가 포함됐다. 분리배출 항목에 대해 응답자 80.8%가 지속적으로 실천하고 있다고 답해, 장바구니 사용(82.8%) 다음으로 높은 2

12) 사람들이 환경 친화적인 제품이나 서비스를 선호한다고 말하면서도 실제 구매나 행동으로는 이를 따르지 않는 현상.

위를 차지했다. 반면 물건을 구입하는 등의 비용 지불을 수반하는 행동에 대한 실천 수준은 상대적으로 낮게 나타났다. '물건 구입 시 과대포장, 플라스틱 재질 등 환경에 이롭지 못한 제품 구입을 자제한다'가 58%, '친환경 마크나 재활용 마크가 있는 제품의 구매를 우선 고려한다'가 48.8%, '전기/수소 자동차를 구매한다'가 29.3% 등의 순으로 하위를 차지했다.

정부와 기업의 환경 커뮤니케이션(소통) 전략 수립에 대대적 수정이 요구되는 대목이다. 우리 사회는 그동안 과도하게 분리배출의 중요성을 강조한 반면 친환경 구매에 대해서는 크게 주목하지 않았다. 이대로라면 지속가능제품을 생산하고, 비즈니스 모델을 전환하려는 공급 부문과 수요의 단절은 지속될 것이 뻔하다. 지속가능 경영 목표를 제시하고, 막대한 기술을 투자하려는 기업에게 소비자의 무관심은 리스크이기 때문이다.

역으로 그런 갭을 줄이는 사회문화적 소통은 기업의 임무가 됐다. 유니레버가 발표한 '지속가능한 생활계획'에 따르면 미국에서 자사 샴푸의 사용 수명 주기 동안 배출되는 탄소 배출량의 93%가 소비자가 사용하는 과정에서 나왔다. 주로 샤워를 위해 물을 데우는 행동에서 사용된 에너지다. 이를 해결하기 위한 기술 혁신과 더불어 소비자가 샤워 습관을 바꾸는 라이프 스타일의 변화를 지속가능성 목표에 포함시켰다.[13] 기업

13) Graceann Bennett · Freya Williams, 《Mainstream Green》, Ogilvy, 2011, 15–16p.

의 지속가능 목표가 성공하려면 그에는 대중적 친환경 실천 기반이 요구된다는 점을 이해한 것이다. 특히 과대포장과 일회용 포장재가 과잉 사용되고, 재활용 제품을 내놓지 않는 한국의 소비 유통 시장에서 지속가능 수요와 공급의 선순환을 만들어 내는 것은 더욱 절실하다. 이를 잘 활용한다면 기업들은 분리배출을 할 때마다 죄책감을 느끼는 대한민국 소비자들에게 높은 소구력을 발휘할 수도 있다.

특히나 기후 불안과 연관된 개개인의 무기력증이 더 심각해질 수 있다는 점에서도 분리배출 가스라이팅을 멈춰야만 한다. 대한민국의 많은 선량한 시민들은 쓰레기를 버릴 때마다 잘 분리하는 게 맞는지 고민한다. 그런데 다른 한쪽에선 수천억 원의 세금을 들여 치우고 치워도 새로운 쓰레기 산이 계속해서 쌓이고 있다는 소식이 들려온다. 이 쓰레기 산은 우리의 노력이 재활용 산업 단계에서 잘못 처리된 결과물이다.

현재 우리나라의 재활용 산업 구조에서는 분리배출을 잘해서 내놓아도 밸류체인을 넘어갈 때마다 더 오염된다. 수거 과정에서 잘 배출된 것과 아닌 것들이 섞이기 때문이다. 각 가정의 가사 노동과 친환경 실천 행동의 일정 부문은 허공에 날리는 셈이다.

관리 사각지대에 놓인 쓰레기 산에 주로 쌓이는 것들은 대부분이 폐플라스틱이며, 오염이 됐거나 재활용이 어려운 복합재질(종이, 본드, 유리 등 여러 재형의 폐기물들)의 저급 폐기물들이다. 수거 단계에서 섞이고 선별 단계에서도 분류되기 어려운 구조다. 수동으로 선별하기 때문이다. 처리량의 약 절반을 차지하는 민간 재활용 위탁 시설은 공공부문과 달리 기기 도입 등 시설 고도화 수준에서 열악한 편이다. 이에 대부분은 소각이나 매립지 신세다.

이 처리비와 물류비용을 아끼기 위해 불법 브로커들에 낮은 비용을 지불하고 넘긴 쓰레기가 무단으로 쌓인다. 저개발국가로 수출하거나 폐공장이나 노지 등을 임대해 무단으로 투기된다. 검찰 수사를 통해 대전 지역에서 활동한 한 조직폭력배가 각종 업체들로부터 비용을 받고 폐기물을 매입한 뒤 충북 제천, 경기도 화성 등지에서 총 4,800톤의 폐기물을 무단 투기한 범행이 밝혀진 바 있다.[14] 마치 유령처럼 떠도는 폐플라스틱은 강과 바다를 통해 전 세계로 확산된다. 이 플라스틱 쓰레기가 50만 톤에 이르는 것으로 추정된다.[15] 플라스틱 폐기물 처리를 위해서는 시민들의 친환경 실천에 의존할 것이 아니라 폐기물 재활용 산업의 기술 고도화를 유도하는 것이 더 시급하다.

분리배출 선진국 신화의 세 가지 문제

우리나라는 폐기물 처리를 잘하는 국가로 정평이 나 있다. 그러나 우리나라의 폐기물 통계를 곧이곧대로 믿는 전문가들

14) 이데일리, 쓰레기 4800톤 무단 투기한 조직폭력배, 검찰에 '덜미', 2022.12.
15) 중앙일보, "플라스틱 쓰레기 연50만톤 바다로 유입…한 · 일 공통점 있다", 2023.08.

CNN과 쓰레기 산

CNN World Africa Americas Asia Australia China Europe India Middle East United Kingdom

South Korea's plastic problem is a literal trash fire

By Jake Kwon, CNN

7 minute read Updated 8:14 AM EST, Sun March 3, 2019

경북 의성군에 방치된 거대한 '쓰레기 산' 문제를 미 CNN방송이 2019년 3월 3일 집중 보도했다. 의성군 단밀면 생송리의 한 폐기물 처리장에는 무려 17만 3,000톤의 거대한 폐기물 더미가 산처럼 쌓여 있었다는 보도다. 그런데 이 쓰레기를 모두 실어냈더니, 바닥 쪽을 중심으로 7,000톤 이상 더 남아 있었다. 결국 5년간 총 20만 8,000톤이 쌓여 있던 셈이었다. ㈜한국환경산업개발이라는 폐기물 재활용 업체는 2016년 6월부터 2018년 7월까지 서울·경기·경북·충남 등 전국 각지에서 여러 차례에 걸쳐 허가받은 양(2,157톤)의 90배에 달하는 폐기물 등을 사업장 부지에 반입해 방치했다.[16] 이렇게 업주 등이 대책 없이 쓰레기 산을 만들자 군은 수차례 행정처분을 했다. 폐기물 처리 명령과 고발, 과징금·과태료·벌금 부과가 이어졌다. 사업장 운영에 대한 중간재활용업 허가까지

취소했다. 하지만 허가 취소 이후에도 폐기물은 그대로였다. 그때마다 업체는 처분에 불복해 행정소송, 집행정지 처분을 내며 억울함을 표했다.

시간이 갈수록 4만여㎡ 크기의 부지에 쌓인 쓰레기에선 악취가 진동했다. 쓰레기가 쌓여 생긴 압력으로 불이 나 며칠 동안 진화가 되지 않은 적도 있다. 사업장 인근엔 낙동강이 있어 환경오염까지 우려됐다. 축구경기장(7,500㎡)의 2배 넘는 면적에 3층 건물 높이(15m)까지 쌓였던 '쓰레기 산'은 발생 5년 만에 세금 270억여 원이 투입돼 완전히 사라졌다. 70.6%는 시멘트 보조연료, 순환 토사 등으로 재활용됐다. 이 보도 이후 환경부가 실시한 전수조사 결과 전국 471곳에서 191만 3,000톤이 불법 폐기된 것으로 나타났다. 이 중 85%는 처리가 완료됐고, 나머지 29만 4,000톤은 관할 지자체가 대집행 등을 통해 처리하고 있다.[17]

은 없다. 한국이 독일에 이어 2위를 차지하며 재활용 선진국이라는 신화를 낳게 한 통계가 있다. 이는 2013년 OECD 조사를 재가공한 시장조사기관 스타티스타Stastista의 그래픽이다. '재활용 경쟁에서 이긴 국가들The countries winning the recycling race'이란 제목의 이 인포그래픽은 '분리배출' 2위의 한국으로 잘못 번역되면서 여전히 인용되고 있다. 한국이 분리배출을 잘하는 국가라는 타이틀을 얻은 결정적 통계다. 국제사회에서 한국은 독일

16) 연합뉴스, CNN, 의성 '쓰레기산' 보도…"세계최대 플라스틱 소비국의 단면", 2019.03.03
17) 환경부 보도자료, 〈환경부 장관, 불법폐기물 발생현장 점검〉, 2023.02.

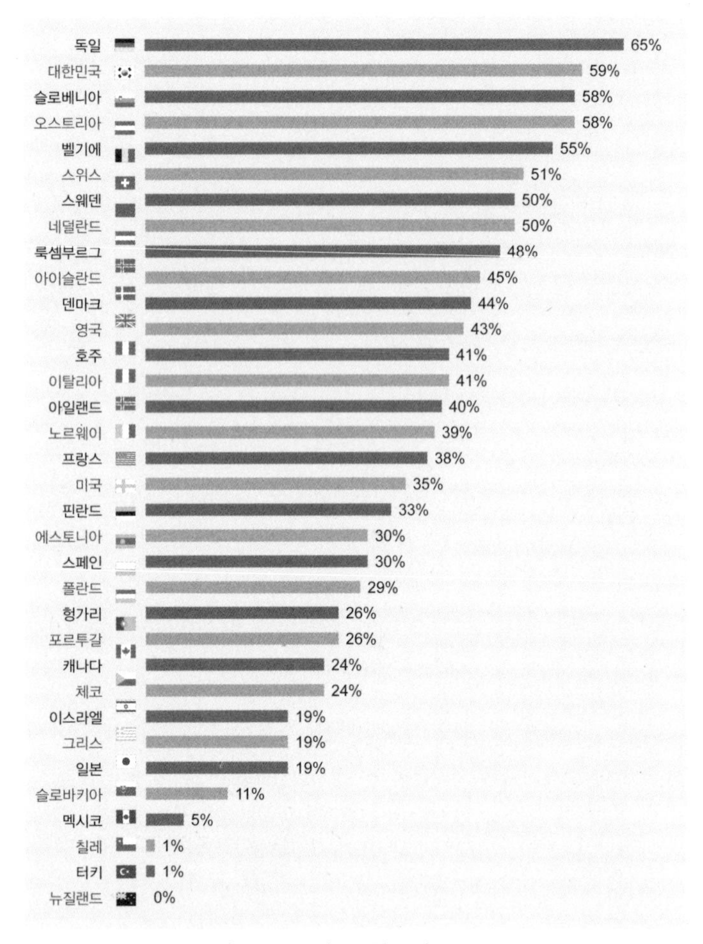

| OECD 국가별 폐기물 재활용 및 퇴비화 비율(2013) 출처: statista

다음으로 폐기물 처리를 잘하는 국가로 통용된다.

그러나 이 통계를 믿어서는 안 된다. 우선 측정 방식부터 문제가 있기 때문이다. 폐기물 통계의 신뢰도 문제는 집계 방식이 배출자와 처리업자가 '올바로 시스템(폐기물 적법처리 시스템)'에 '수기手記'로 입력한 자료에 기반한다는 점에서 측정에 상당한 오류가 지적되고 있다. 배출자와 처리업자가 기록한 양을 그대로 믿는 것 외에 사후적 검증 방법이 없기 때문이다. 눈대중 측정, 허위 기재가 이뤄져도 적발 인력은 부족하다. 밸류체인 간에 물량을 대조해 허위 기재를 예방하는 사전적 시스템을 마련했지만, 그럼에도 수거와 선별 업체가 짜고 치는 것까지 막긴 어렵다. 가끔 환경공단의 공무원들이 잠복 관찰해 수사에 넘긴 사례도 있지만 폐기물 처리 사업장은 1만 곳이 넘는다. 심지어 환경공단 공무원까지 가세해 허위 기재를 눈감아 주고 자기 이익을 챙긴 경우가 적발되기도 했다. 폐기물 처리량이 곧 '돈'이기 때문이다.

구분	한국		독일	
	총량	비율(%)	총량	비율(%)
플라스틱 폐기물 발생량	1,098	100	567	100
재활용	768	69.9	563	99.4
ㄴ 물질재활용	18%(추정)		262	46.5
소각	274	25	0	
매립	40	3.6	4	0.6

* 출처: 환경부, 독일 플라스틱 산업 조사기관 BKV * 한국 2020년 기준, 독일 2021년 기준
* 단위: 만톤(t)/연, %

한국과 독일 플라스틱 폐기물 발생 및 처리 비교[18]

18) 국내 출처: 환경부 제공 비공개 자료
원출처: BKV, 'Material flow analysis plastics in Germany 2021', 2022.11.

둘째로는 분류 방식의 문제다. 명백히 한국은 여타 다른 국가와 마찬가지로 추종국 신세일 뿐인데도, 2020년 기준 우리나라의 플라스틱 재활용률은 70%에 달한다. OECD가 발표한 전 세계 플라스틱 폐기물 재활용률 9%와 비교하면 월등히 높다.[19] 심지어 1위인 독일보다도 23% 포인트(p)나 높다. 독일은 폐플라스틱 46.5%를 다시 플라스틱으로 재활용했고, 나머지는 에너지원으로 사용했다. 매립은 0.6%로 비중이 미미하다. 그런데 이는 우리나라 집계 방식으로 보면 99.4%가 재활용된 것이다. 2020년 한국의 플라스틱 재활용률 70%에는 독일이 별도로 계산한 에너지 회수가 포함된다. 에너지 회수 사업자들이 재활용 업자로 분류되어 있어, 이러한 분류 방식이 가능했다. 실제 재활용률은 개별 연구자들이 모형을 통해 추산한 결과치다. 한국환경연구원KEI의 연구 분석에 따르면 2017년 기준 폐플라스틱 770만 톤 중 18%(141만 톤)가 물질 재활용된 것으로 추정됐다. 독일과 비교하면 질의 문제는 차치하고서라도 양적으로도 약 3분의 1 수준에 불과한 것이다.[20]

마지막은 국제적 기준과 동떨어진 데다 낮은 신뢰 수준을 가진 폐기물 통계로 인해 파생되는 문제다. '생산-사용-폐기' 하는 이른바 전통적 '선형Linear 경제' 체제에서는 통계의 오류는 그저 재원의 적절한 배분 문제 이외에 커다란 이슈를 낳지 않

19) OECD, 〈Global Plastics Outlook〉, 2022.06.
20) 이소라 외, 〈순환경제로의 전환을 위한 플라스틱 관리전략 연구〉 연구보고서, 한국환경연구원, 2020.03.

았다. 하지만 '순환경제Circular Economics' 체제에서는 폐기물이 자원으로 재투입되어야 한다. 즉 수거 단계에서부터 폐기물에 대한 추적이 가능해야 한다. 하지만 수기로 입력하는 폐기물 통계 시스템에서는 정보를 믿기 어렵다. "고품질의 재활용 폐기물이 있다고 등록된 해당 수거 업체로 가보면 정보가 틀린 경우가 허다하다"라는 것이 이 업계 관계자의 말이다. 이는 거래 위험을 높이는 요인이다. 이뿐 아니라 선별 과정에서도 수동으로 분류되는 탓에 선별 이후 재질별 통계 데이터 구축이 용이하지 않다. 폐기물이 곧 돈이 되는 시대에서 낮은 정보화 수준이 초래하는 비효율은 점점 커질 것이 명약관화하다. 수기로 모든 것이 이뤄지는 폐기물 통계의 결정적 맹점이다.

그동안 우리는 착각 속에 살아왔다. 대한민국이 잘하는 것은 분리배출 뿐이다. 전 세계적으로 우리나라 시민들만큼 분리배출을 철저히 하는 곳은 드물다. 하지만 아직도 우리나라의 재활용 산업을 비롯한 폐기물 처리 시스템은 선진국 수준으로 성숙하지 못했다. 재활용 산업에 대한 낮은 신뢰 수준이 야기한 문제는 이제야 서서히 수면 위로 드러나고 있다. 바로 재생원료 도입이 점점 국제적 규제로 편입되고 있는 상황에서 한국은 아직도 출발선에 도착하지도 못했다는 점이다.

한국 정부와 대결한 코카콜라

"100% 재활용 플라스틱으로 제조된 재활용 가능한 병

Recycelbare Flasche Hergestellt mit 100% Recyceltem Plastik." 독일 마트에서 판매되는 P&G사의 샴푸 용기에 적힌 문구다.

같은 기업이 만든 동일한 제품이지만 한국에 내놓는 제품은 '재생 플라스틱Recycled plastic'을 사용하지 않았다.

전문가들은 이에 대해 여러 가지 원인을 내놓는다. 재생 원료는 비싸고, 안전성에 대한 우려가 있으며, 우리나라는 해당 규제가 없다는 것 등이다. 그러나 가장 근본적 이유는 국내 수요의 부재에서 찾아야 한다. 기업도 소비자도 찾지 않는다. 해외에서는 자발적 시장이 먼저 조성되고, 규제는 그 이후 도입됐다. 우리는 그 반대다. 게다가 글로벌 기업에서 먼저 시작됐다.

코카콜라가 한국 정부에 맞섰다. 코카콜라는 플라스틱 오염에 가장 악명이 높은 기업이다. 플라스틱 용기 사용에 대한

우리나라에서 판매되는 P&G사의 샴푸(좌측)는 재생원료가 사용되지 않은 반면 동일한 독일 제품은 재생원료를 100% 사용해 생산됐다. /저자 촬영

규제 및 대외 이미지 하락에 대한 대응을 강화해 온 이유일 것이다. 2030년까지 50%의 재생 플라스틱을 사용하겠다는 공약을 내걸고 이행하고 있다. 코카콜라의 용기는 각 국가 플라스틱 용기 제조업체를 통해 이뤄지는데, 각국 생산 시스템에 의존해야 한다. 우리나라는 국내 대기업 L사에서 코카콜라의 용기를 제작한다. 코카콜라가 공약을 내건 이후 우리나라는 식품용 재생 용기 생산이 불가능했을 뿐만 아니라 안전성에 대한 기준조차 없었다. 식약처는 재활용 플라스틱이 음료 용기로 사용될 경우 안전성을 문제삼아 반대하다 2022년을 기준으로 도입하는 데 합의했다. 이에 따라 2023년 6월 재생 원료 10%를 사용한 첫 r-PET(리사이클링 페트)가 시판됐다. 코카콜라 한국 지사는 미국 본사의 지시에 따라 한국 정부가 재생 원료 적용 플라스틱 용기의 사용 표준안을 제정하도록 요청했고, 한국 지사는 환경부와 식약처를 대상으로 지속적 규제안 마련을 촉구하는 물밑 활동을 펼쳤다. 지속가능 목표 이행을 위해 기업들이 개별 국가의 정치적 리더십 공백을 메우려는 시도다.

200여 개국에 진출해 전 세계에 제품을 공급하고 있는 코카콜라의 과제는 만만찮다. 코카콜라는 2030년 재활용된 소재 50% 적용과 더불어 2025년까지 모든 포장재를 100% 재활용할 수 있도록 제품을 만들기로 했다. 200여 개 진출국의 이행 실적을 공개한 코카콜라 글로벌 지속가능경영보고서에 이 성적표는 적나라하게 공개된다. 미국, 캐나다, 유럽 8개국, 베트남, 일본, 카타르 등 40개국 시장에선 2022년 기준 이미 재생원료로만 용기를 제작한 100% r-PET 상품이 출시된 상태다. 오스트리아, 벨기에, 아이슬란드 등 유럽 8개국에서는 코카콜라 모든 제품의 용기가 100% r-PET로 만들어졌다. 일본은 100% r-PET 제품 뿐만 아니라 이미 코카콜라의 2030년 목표인 플라스틱 재생원료 사용 비중 50%를 달성했다. 2022년 기준 글로벌 전체는 25%인 데 반해 일본은 2배를 달성한 것이다.

전 세계적으로 폐플라스틱 순환경제는 거대한 흐름이 되고 있다. 유럽연합EU은 지난 2021년 9월, 2030년까지 모든 페트병에서 사용되는 재활용 소재의 비율은 25%, 기타 모든 플라스틱병에 사용되는 재활용 소재의 비율 목표는 30% 이상으로 적용하기로 합의한 바 있다. 유럽뿐만이 아니다. 국가적 규제를 가하지 않더라도 글로벌 기업들 가운데선 민간 자율 이니셔티브를 통한 감축 목표를 공약화하고 이행하기도 한다. 우리에게도 친숙한 독일 세제 브랜드 프로쉬Frosch의 제조기업인 '베르너 앤 메르츠Werner & Mertz'는 이미 2015년부터 모든 병에 100%의 재활용 플라스틱만 사용하고 있다. 폐기물 처리 업체와 협력을 통해 고품질 재활용 플라스틱을 조달받고 있는 것으로 알려져 있는데, 미국 식품의약국FDA 기준을 통과해 식품과 접촉도 허용될 정도로 깨끗하다. 반면 우리 기업은 유럽의 바이어들이 요구하는 수준의 용기 기준을 맞추지 못해 거래가 불발되기도 한다. 코트라에 따르면 독일 수입기업 G사가 한국 음료수 제품에 관심을 가졌다. 수입을 추진했으나 플라스틱 제품이라 '제품 포장재 회수Pfand' 처리에 부담이 따라 유리병 사용을 희망했다. 하지만 결국 폐기 처리 부담 및 제조기업과의 협상 문제로 수입 거래가 무산되었다.

재활용 플라스틱을 적용하는 것은 우리나라뿐만 아니라 해외에서도 쉽지 않은 과제다. 그럼에도 글로벌 기업들은 신재 플라스틱보다 더 비싼 재생 플라스틱을 적용하기 위해 머리를 싸매고 있다. 드레스덴 공대의 추산에 따르면 독일 경제는 재활용 재료의 비중이 1% 증가할 때마다 최소 1억 유로(한화 약 1,500억 원)를 투자해야 한다. 이는 로레알, 바이어스도르프Biersdorf 등 최종 소비재 기업들이 부담해야 하는 비용이다. 2020년 말 세제 브랜드 페르질Persil의 제조사이자 독일의 대표적 소비재 기업 헨켈Henkel은 사용된 플라스틱의 15%를, 유니레버Unilever는 개별 부문에서 최다 20%를 재활용 플라스틱을 사용했다. 이들은 나아가 더 높은 목표를 설정하고 있다. 헨켈은 2025년까지 포장재에 30% 이상, 유니레버는 25%, 바이어스도르프는 30%를 재활용 플라스틱으로 생산하겠다고 발표했다. 화장품 제조사인 로레알은 50%까지 목표로 하고 있다. 제품 생산업자들은 결국 디자인을 새롭게 했다. 재사고Re-thinking다. 프레제로Prezero의 CEO인 토마스 키리아키스Thomas Kyriakis는 "최고의 포장재를 사용하면 소비자가 나중에 아무것도 분리할 필요가 없다"고 강조했다.[21] 나아가 독일 소비재 기업은 정부의 지원을

21) 코트라, '독일 코로나 팬데믹시대, 제품 생산에서부터 플라스틱 재활용을 디자인한다.', 2022.01

통해 이러한 프로세스를 가속화할 것을 촉구하고 있다. 제품 포장 디자인에서 폐플라스틱 재활용에 이르기까지 제품의 라이프 사이클은 EU 및 독일의 플라스틱 규제와 더불어 플라스틱 소재, 제품 생산 및 유통(특히 식품) 분야에 새로운 변화를 유발하고 있고 그 속도는 점점 가속화될 것으로 예상된다.

소비자는 바보 상태로 머물라〈1〉

대한민국의 지속가능소비의 방해 요인이 수요의 부재라면, 우리 사회가 지속가능제품에 대한 수요가 부진한 이유는 무엇일까. 법적 제재 외에 현대 사회의 주요 제재 수단인 '수치심Shaming'은 환경 분야에서도 활발한 접목이 이뤄지고 있다. 공유재의 특성상 수치심을 통한 조정 전략은 광범위하게 활용된다. 파리협정 이행 촉구 메커니즘과 ESG 경영 등은 '평판'을 활용한 제재 방식을 택하고 있다. 이른바 '네이밍 앤 쉐이밍(명명과 수치심)'을 사용하는 것이다. 이는 대중을 통한 수요 곡선의 변화를 유도하는 전략이다Pinto and Guy Seidman, 2023.[22] 그러나 우리는 이 전략을 적극적으로 회피하고 있는 것으로 파악됐다.

이 책을 펼친 당신은 플라스틱 문제에 남들보다는 조금 더

---

22) Meital Pinto·Guy Seidman, 《The Legal Aspects of Shaming: An Ancient Sanction in the Modern World》, 〈Chapter 9: Shaming and the Environmental Arena〉, Edward Elgar Publishing, 2023, 200–224p.

관심을 두고 있을 확률이 높다. 그렇다면 엘런 맥아더 재단Ellen MacArthur Foundation[23]이란 이름을 한 번이라도 들어본 적이 있는가. 그리고 우리나라 기업 가운데 이 재단에 가입한 곳은 어디인지 아는가. '없다(0)'는 것이 연속적인 질문에 대한 최종 답이다. 엘런 맥아더 재단 가입 기업이 없다는 것은 아주 단편적 예이긴 하나 이는 우리 사회가 감추고 있는 지점을 명확하게 가리킨다. 물론 영국의 한 재단 가입 여부가 잣대는 아니다. 재단에 가입하지 않더라도 플라스틱을 줄이는 방법은 다양할 수 있다. 그럼에도 우리가 이 재단에 주목해야 하는 이유는 이 재단이 요구하고 있는 정보 공개 수준의 엄격성과 그 기준을 맞춰 가는 글로벌 거대 기업들이 존재하기 때문이다. 엘런 맥아더 재단은 순환경제 비영리단체로 이 분야에서 가장 강력한 영향력을 행사하고 있다. 20세의 나이로 최단 시간 단독 세계 일주를 해 세계 신기록을 깬 엘렌 맥아더 여사가 창립한 단체다. 그녀는 작은 보트에 의존해 지구를 항해하면서 지구가 마치 그녀가 몸을 실은 보트와 같다는 것을 깨달았다. 지구 역시 보트처럼 한정된 자원을 인류에게 허락한다는 것을 말이다. 인터뷰에서 그는 "우리는 유한한 자원에 크게 의존하고 있는 존재다"라고 일갈했다. 자원이 언제까지 풍부하게 제공될지는 그 누구도 장담하기 어렵다. 그는 이후 요트 경주를 그만두고 재단을 창립하는 데 모든 열정을 쏟았다. 엘렌 맥아더 재단이 주도하

23) 순환 경제의 발전을 촉진해 자원의 지속 가능한 사용과 폐기물 감소를 목표로 하는 비영리 조직.

고 유엔환경계획UNEP과 협력하는 '글로벌 공약Global Commitment'은 플라스틱 순환경제라는 공통의 비전을 바탕으로 1,000개 이상의 조직을 통합했다. 4명의 창립 파트너와 시작해 10년 만에 세계 최대 규모의 순환경제 네트워크를 일궈냈다. 정책 기관과 도시, 활동가, 기업에 이르기까지 국제적 네트워크를 이루고 있다. 엘런 재단은 2016년 논쟁적 보고서를 하나 내놨다. 미래엔 바다에 물고기보다 플라스틱이 더 많을 수 있다는 전망에 대한 보고서였다. 이 분석과 다른 많은 조직의 비판적 작업을 통해 플라스틱 오염에 대한 문제의 심각성이 명백해졌고, 전 세계적인 논쟁이 붙었다.[24]

환경 규제 강화와 ESG(환경, 사회, 지배구조) 경영이 강조되면서 기업들은 셀 수 없을 만큼 많은 공약을 내놓고 자발적인 노력을 하고 있다. 그러나 그 수많은 이행의 약속들 가운데서도 엘런 재단 가입 여부에 주목해야 하는 이유는 이행 방식의 엄격성에 있다. 이 엄격성은 '직관적'으로 이해할 수 있는 정보 공개의 방식에서 나온다. 엘런 재단의 글로벌 공약에 서명한 기업들은 2022년 말 기준 전 세계 플라스틱 포장재 사용 발생량 1위 코카콜라를 비롯해 약 89곳의 플라스틱 포장재 생산 및 사용자, 플라스틱 원료 생산자 12곳, 재활용 업체 21곳, 플라스틱 포장재 공급업자 9곳, 각국 정부 및 공공기관 17곳, 그 외

24) Ellen Macarthur Foundation, 〈The global commitment five years in: Learnings to accelerate towards a future without plastic waste or pollution〉, 2023.10.

금융사 및 NGO, 연구기관 등 총 352곳이다. 이들은 연례 보고서를 작성해 온라인에 그들의 발자국을 공개하고 있다. 지난 2018년 시작한 이 '글로벌 공약'은 전 세계적으로 사용되는 플라스틱 포장재의 20%를 커버한다. 플라스틱 포장재 배출에 책임이 있는 거대 기업들이 대거 포함되면서 상당한 수준의 범위를 포괄하고 있는 것이다. 플라스틱 포장재 오염의 핵심 기업 89곳은 △연간 플라스틱 포장재 발생량(t) △재사용/재활용/퇴비화 플라스틱 포장재 비율 △재생 플라스틱 사용 비율 △버진(석유) 플라스틱 포장재 감축 비율을 산출해 공개한다.[25] 정보를 제공한 기업은 '서명인signatory'으로 불리며 '순환 경제 구축을 시작하기로 결정한 기업'이라고 소개된다.

서명인들은 2025년까지 플라스틱이 매립, 소각, 유출되는 것을 제로로 만들기 위한 실질적 이행 수준을 공개해야 한다. 자사가 생산하는 플라스틱 포장재는 '재사용, 재활용, 퇴비화 가능한Reusable, Recyclable, Compostable 플라스틱 포장재'로 100% 생산할 것, 재생 플라스틱post-consumer recycled·PCR 용기 비중을 26%까지 확대할 것 등이다. 이 서명인들은 역할에 따라 계층이 나뉜다. 전략적 파트너 그룹Strategy Partners, 파트너 그룹Partners, 회원 그룹Members 등 크게 3가지로 구분하고 있다. 이 계층을 결정하는 요인은 영향력, 의지의 수준, 조직의 규모, 재단의 핵

25) 엘런 맥아더 재단Ellen Macarthur Foundation 홈페이지.

심 영역에 대한 참여의 정도다. 최상위인 전략적 파트너는 주요 산업의 선두 기업과 세계 3대 도시로 블랙록, 비자, 코카콜라, 유니레버, 구찌, H&M, 이케아, 네슬레, 런던, 뉴욕시 등이다. 파트너들은 재단의 주요 활동 영역 중 하나 이상에서 주도적 역할을 맡고 있다. 마이크로 소프트, 구글, 모건스탠리, 스타벅스, 월마트 등 이름만 들으면 알 만한 기업들이 즐비하다.

이 비전을 실천하기 위해 재단은 서명인들이 매년 이행 여부를 보고한 결과를 누구나 접근할 수 있도록 온라인에 낱낱이 공개한다. 전 세계에서 가장 많은 플라스틱 폐기물을 배출하는 기업인 코카콜라는 재단의 전략적 파트너이기도 하지만, 매년 자사의 플라스틱 사용과 관련한 세세한 자료를 제공해 공개적 망신을 사기도 한다. 이 압박을 견디지 못해서일까, 네트워크를 탈퇴하는 기업들도 매년 발생한다. 2021년에는 중국의 후이두 환경보호과학기술, 독일의 다국적 기업 메트로AGMetro AG, 영국 백화점 셀프리지Selfridges, 미국의 스탠리블랙앤데커Stanley Black & Decker, 미국 재활용업체 카본LITECarbonLITE가 탈퇴했다.[26] 재단은 개별 기업들이 제시한 보고 결과를 한눈에 '누가 잘했나' 비교할 수 있도록 데이터를 바Bar 형태로 그래픽화해 제공한다. 여기에 긍정/부정positive/nagative으로 나눠 잘한 곳과 그렇지 못한 곳을 한눈에 비교할 수 있도록 제시한다. 서명인들

26) Ellen Macarthur Foundation, 〈The Global Commitment 2021 Progress Report〉, 2021.10.

은 이런 살벌한 시험에 뛰어들어 스스로 발목에 족쇄를 채운 것이다.

코카콜라가 펩시보다 맛이 더 나은지 나는 솔직히 잘 구분하지 못한다. 하지만 엘런 재단의 공약 이행 성적표를 본 이후 이제는 무조건 코카콜라를 고른다. 코카콜라는 전 세계에서 가장 많은 플라스틱 포장재를 배출하는 기업으로 환경 단체의 주된 공격 대상이다. 펩시가 더 못하는데도 말이다. 엘렌 맥아더 재단 '2022년 글로벌 공약 이행 보고서'에 따르면 코카콜라는 2022년 기준 343만 톤의 플라스틱 포장재를 배출했다. 플라스틱 사용량을 줄이겠다는 약속에 코카콜라는 역행하고 있다. 그러나 많이 팔린다는 이유로 욕을 먹어야 한다면 경제 활동을 하지 않는 것이 최고의 선이 된다. 이에 플라스틱 오염 방지 정책의 목표는 온실가스 배출량과 달리 경제 성장과의 디커플링[27]을 엄격하게 추구하지 않는다. 재활용, 재사용, 퇴비화 가능 용기의 제작 등 여러 수단이 대안으로 부상하고 있다. 재활용 가운데서도 어떤 수단이 월등하게 우위에 있는지 일관된 기준으로 평가하기 애매한 부분이 있다. 이에 단순 플라스틱 발생량을 줄이는 것이 아닌 순환성에 앨런 재단은 집중하고 있는 것이다.

실제 코카콜라는 재사용·재활용·퇴비화가능PPC 플라스

27) 경제 성장과 자원 소비 또는 환경 악화 간의 연관성을 분리하는 것을 뜻한다.

틱 사용 비중이 99.9%로 엘런 맥아더 재단의 공약을 거의 달성한 유일한 곳이다. 플라스틱 포장재 배출량 2위인 펩시코는 이 비율이 75.7%다. 애초에 생산 단계에서 재활용될 수 없는 제품을 만드는 비중이 펩시코는 25%에 육박한다는 이야기다. 펩시코의 배출량도 코카콜라 못지않게 많다. 2022년 260만 톤을 생산했다. 소비자가 사용한 재활용 플라스틱으로 만든 재생 PCRPost-Consumer Recycled(포스트 컨슈머 리사이클) 플라스틱 생산 비중도 코카콜라가 14.9%, 펩시코가 7.3%로 2배 많다.

재생Recycled 원료는 석유로 만든 신재Virgin 플라스틱과 비교해 온실가스 배출에 3배 이상 적은 것으로 알려지고 있다(물론 측정방식마다 차이가 있어 일률적이라 말하긴 어렵다). 세계 석유 소비량의 약 6%가 포장재를 비롯한 플라스틱 원료의 추출 및 생산에 쓰이는데, 재활용률을 높이면 석유 추출 과정에서 나오는 온실가스 배출량이 줄어든다. 2017년 기준 신재 플라스틱 생산 공정이 배출하는 온실가스 배출량은 재활용 공정 대비 3.6배 더 높은 것으로 나타났으며 이 격차는 플라스틱 생산 공정 및 재활용 공정의 기술이 발달하면서 2050년은 48배 이상으로도 그 격차가 벌어질 것으로 추정된다.[28)]

그렇다면 정보 공개는 플라스틱 순환에 얼마나 효과적일

---

28) 사회적가치연구원, 〈플라스틱 패키징 감축의 사회적 가치〉, 연구보고서 SVMR 제2호, 2022.08.

까. 즉 엘런 재단의 글로벌 서약 서명인들과 그렇지 않은 그룹 간에는 유의미한 차이가 존재했을까. 엘런 맥아더 재단이 글로벌 서약을 이행한 2018년 이후 지난 5년간 성과를 분석한 결과, 서명인들은 다른 동종 기업들 대비 훨씬 우수한 성과를 거둔 것으로 나타났다. 2018년 이후 버진 플라스틱 사용이 전체 플라스틱 포장 시장에서 11% 증가한 것과 달리 서명인들은 거의 증가하지 않았다. 특히 재활용 함량은 2018년 4.7%에서 2022년 11.7%로 2배 이상 늘었는데, 이는 글로벌 시장 전체가 1% 포인트 늘어나는 것과 비교해 큰 차이이다. 재활용 업체의 재활용 플라스틱 생산량에서도 글로벌 서약에 가입한 곳과 아닌 곳의 차이는 컸다. 서약에 가입한 업체는 5년간 90% 늘어난 것에 반해 시장 전체는 25% 증가하는 데 그쳤다. 결과적으로 글로벌 서약을 통해 지난 5년간 영국의 연간 플라스틱 포장재 사용량보다 많은 연간 280만 톤의 버진 플라스틱 사용을 피할 수 있었다.[29]

소비자는 바보 상태로 머물라〈2〉

한국 기업들에게 정보를 얻으려면 기업을 압박하고, 공공기관에게 정보공개청구를 요구하는 등 온갖 수단을 써야 한다. 그러나 그렇게 힘들게 얻어낸다 해도 정보는 전부 '맹탕'인 경우가 많다. 우리나라에서 가장 많은 자금을 굴리는 투자자인

---

29) Ellen Macarthur Foundation, 〈The global commitment five years in: Learnings to accelerate towards a future without plastic waste or pollution〉, 2023.10.

국민연금조차 제한적으로 접근할 수 있는 정보가 환경 부문이다. 국민연금이 책임투자를 위해 고려하는 ESG 정보 중 환경(E) 정보의 입수율은 2021년 기준 43.1%에 불과하다. 지배구조 정보 입수율은 93.6%, 사회 75.4%에 비해 낮은 수준이다.[30]

환경부 산하 공공기관인 한국환경공단을 대상으로 국내 상위 플라스틱 발생량 기업에 대한 정보 공개를 요구했다. 그러나 플라스틱 포장재 배출 상위 30개 기업 중 27곳은 기업 비밀이라는 명목으로 정보 공개를 거부했다. 이들의 거부 사유는 영업상 비밀에 해당해 외부 공개로 정당한 이익을 해칠 수 있다거나, 정보가 어떻게 활용될지 모르므로 대답할 수 없다거나, 대외비 자료라는 식이었다. 공단은 기업의 의사를 묻기도 전에 정보 제공을 합리적 이유 없이 거절했다. 기업들이 플라스틱 오염을 초래한다는 비판에도, 기업들과 기업을 감시해야 할 공공기관들은 이처럼 기업에 대한 정보가 기업 비밀이라며 대개 공개를 거부한다. 감시의 사각지대에서 비판받지 않으려는 깜깜이 운영인 것이다. 사단법인이 운영을 맡고 있는 생산자책임재활용제도EPR의 분담금은 어떤 재활용 업체에 얼마의 분담금을 배분하는지, 어떤 기업이 얼마의 분담금을 내는지 전혀 알 수 없는 상태다. 시민 단체와 관련된 업계의 꾸준한 공개 요구에도 수년간 철옹성처럼 닫혀 있다.

---

30) 한정애 국회의원, '국민연금 ESG 환경 정보 입수율 43.1%에 불과, ESG 투자 왜곡 가능성 높아', 보도자료, 2022.10.

법적인 의무 공시제도인 환경부의 '환경정보공시제도'를 통해서도 정보를 요청했지만, 제대로 된 정보는 구하기 어려웠다. '환경정보공시제도'는 '환경기술 및 환경산업 지원법'에 근거해 녹색기업, 환경영향이 큰 기업, 중앙행정기관, 지방자치단체, 기타 공공기관을 대상으로 한다. 용수 사용량 및 재활용량, 에너지 사용량, 폐기물 발생량 및 재활용량, 국내외 환경법규 위반 현황 등 의무 6~13개, 자율 11~14개의 항목을 공개한다. 폐기물 정보를 공개하고 있지만, 이는 사업장에서 발생한 폐기물의 양으로, 해당 기업의 플라스틱 포장재 생산 수준은 파악이 불가능했다. 설상가상으로 사업장별로 각각 공시를 한다. 상당수의 기업이 본사에 딸린 공장을 가지고 있다. 결국엔 (출입기자라는 지위를 활용해) 환경부에 의뢰해 기업별 폐기물 발생량 상위 50개사 데이터를 받았다. 그 결과 우리나라에서 가장 많은 폐기물을 발생한 곳은 포스코였다. 2020년 기준 포스코가 2,197만 톤(t)으로 가장 많았다. 이어서 현대제철, LS MnM, 현대건설, 고려아연, GS건설, 삼성전자 등의 순이다. 그런데 무게가 많이 나갈 수밖에 없는 철재와 건축 자재를 취급하는 사업장이 상위를 차지하는 것은 당연하다. 무게는 기업이 환경에 영향을 줄 수 있는 제품을 얼마나 생산했는지 드러내지 않는다. 고철과 건설 폐기물은 재활용이 용이해 재활용률도 90%가 넘는다. 데이터의 신뢰도도 문제다. 현대제철 등 일부 기업은 재활용률이 100%를 초과했다. 외부에서 유입된 폐기물을 함께 위탁 처리하면서 재활용률이 100%를 초과한 것으로 파악된다. 한 폐기물 전문가는 이에 대해 사업장의 정확한 폐기물 발생 및 처리를 반영하지 못하는 지표라고 지적했다. 이런 폐기물 관리 방식은 비단 소비자들의 눈을 가리는 것에 그치는 것이 아니다. 이렇게 '비교불가능한' 정보 생산 체계는 기업들의 그린워싱 유혹을 자극한다는 점이다.

개별 기업으로 살펴보면 어떨까. 코카콜라만큼 국내에서 큰 존재감을 드러내는 CJ제일제당을 통해 알아보자. CJ제일제당의 경우 배출량은 코카콜라의 10% 수준으로 엘런 맥아더 재단의 플라스틱 포장재 생산 및 사용 기업 96곳 가운데 11번째로 높다.

> *"CJ제일제당의 국내 식품 사업장은 재활용률이 이미 85%에 육박한다. 올해 1월부터 실시하고 있는 햇반 용기 수거 캠페인 '지구를 위한 우리의 용기'도 자원 순환을 위한 업사이클링 사업 중 하나다. 매립률은 0.4%로 매립 제로화 수준을 달성했다. 이러한 국내 경험과 역량을 글로벌 사업장으로 확대, 2030년까지 국내외 전 사업장 매립 제로화를 목표로 공개했다. 식품 기부 및 재활용을 통해 식품 손실과 폐기량 역시 50% 감축한다.[31)]"*

제목만 조금씩 달라질 뿐 수많은 언론사들이 기업이 배포

31) 한국경제, '사내 탄소세 도입'…기후변화 대응 보고서 낸 CJ제일제당, 2022.02.

한 보도자료를 이렇게 복사해 내놓는다. 우리나라 기자들의 보도자료 퍼 나르기는 이미 많은 비판에 직면해 언론의 신뢰도 저하 원인 중 하나로 거론되고 있지만 잘 바뀌지 않는 뉴스 생산 방식이다. 또 환경 이슈는 기업을 출입하는 산업부 기자들의 관심을 크게 끌지 못한 탓에 취재형 기사가 거의 생산되지 못하고 있다. 생산 주체인 기업이 작성한 정보가 무비판적으로 확산되고 있는 것은 언론의 책임도 크다고 할 수 있다. 그러나 실체적 진실을 가리기에 급급한 기업들 역시 원인이라고 할 수 있다. CJ제일제당의 지속가능경영보고서에 따르면 폐기물 재활용률은 95.3%에 달한다. CJ제일제당 생산품의 대부분이 재활용되는 것 같은 표기법이다. 우리나라의 폐기물 분류법을 아는 이들이나 이 자료의 행간을 겨우 알아차릴 수 있다. 그러나 이는 앞서 말했듯 CJ제일제당 '사업장'에서 발생하는 폐기물일 뿐이다. 플라스틱 쓰레기 문제의 근본 원인은 소비 이후 발생한 포장재다.

경제협력개발기구OECD의 최신 플라스틱 보고서에 따르면 전 세계 연간 플라스틱 폐기물의 3분의 2는 수명 5년 미만의 포장재(40%), 소비자 제품(12%), 섬유(11%)에서 발생한다. 플라스틱 폐기물은 2000년 1억 5,600만 톤에서 2019년 3억 5,300만 톤으로 두 배 이상 증가했다. 그 주요 원인이 바로 플라스틱 포장재다. 그린피스가 시민들이 사용하고 배출한 플라스틱을 조사한 '시민참여형 플라스틱 배출 실태조사'에 따르면 일상에서 매일 먹고 마시는 식품 포장재가 전체 플라스틱 배출량의 78.1%로 압도적이었다. 즉 플라스틱 오염과 관련한 정보는 탄소 배출량과 달리 사업장 중심의 폐기물 배출 정보의 활용도가 높지 않다. 제품의 제조 과정에서 발생하는 오염도 문제지만, 제품 자체가 오염원이기 때문이다.

플라스틱 오염 종식 논의에서는 다운스트림 활동, 즉 제품의 유통부터 보관, 사용, 폐기까지 모든 수명 사이클을 다루는 것이 목표로 관리되고 있다. 오히려 기업의 직간접적 활동에서 발생하는 플라스틱에 대한 관심은 거의 없다고 해도 과언이 아니다. 이에 우리나라 폐기물 분류 기준이 바뀔 필요가 있다는 지적이 나온다. 우리나라 폐기물 정책 목표가 시대에 따라 변화했음에도 불구하고 폐기물 분류 기준은 여전히 폐기된 정책 목표 당시의 것을 유지하고 있다. 다국적 기업들 가운데 사업장 폐기물을 기업의 폐기물 재활용 메인 지표로 다루는 사례는 찾기 힘들다. 폐기물 학계에서는 현재 우리나라의 폐기물 분류가 사업장, 생활계로 나누어 관리하는 것부터 개선해야 자원순환 정책이 성공할 수 있다고 지적한다. 이는 1980년대 폐기물 처리 정책의 초기 정책 목표가 '안전한 처리'를 위해 발생자 중심의 폐기물 처리에 초점을 둔 결과다. 품목별 자원순환의 관점이 도입된 것은 2000년대 이후다. 그러나 아직도 폐기물 분류는 품목이 아닌 배출자 기준으로 그대로 유지하고 있는 탓에 정작 필요한 정보가 생산되지 못하고 있다.

100페이지 이상 분량의 지속가능경영보고서를 보면 한숨과 감탄이 동시에 나온다. 빈약한 실천에 분량을 채워낸 담당자들의 노고가 대단하다. 국내 기업 ESG 경영 보고서는 디자인을 얼마나 보기 좋게 내놓는지가 제일 중요한 문제인 것처럼 보인다. (실제 ESG 보고서 작성에 필요한 비용의 30%가 디자인 비용이라는 것이 이 업계 관계자들의 전언이다.) 95.3%의 재활용률을 크게 홍보한 것과 달리 정말 환경에 영향을 크게 미치는 중요한 정보는 '비율(%) 표기'를 하지 않는다. 비율이란 많고 적은 것이 '얼마나' 많고 적은지를 가늠할 수 있는 정량 표기법 중 하나다. 수치마다 표기 방식을 달리하면서 판단을 흐리고 있다.

CJ제일제당 지속가능경영보고서에 따르면 "4년간의 연구를 통해 햇반 용기를 만드는 과정에서 남은 플라스틱(스크랩)을 햇반 용기에 다시 사용할 수 있는 열성형 소재 재활용 기술을 확대 적용해 연간 버진 플라스틱 '60톤'을 절감했다"고 했다. 또 "스팸의 플라스틱 캡을 제거함으로써 '446톤'도 절감했다"고

햇반, 친환경 패키징 기술의 선도

CJ제일제당은 4년간의 연구를 통해 햇반 용기를 만드는 과정에서 남은 플라스틱(스크랩)을 햇반 용기에 다시 사용할 수 있는 열성형 소재 재활용 기술(thermoforming scrap technology)을 확대 적용하였습니다. 햇반 용기에 스크랩의 23% 재사용을 통해 연간 새 플라스틱(virgin Plastic) 60톤의 절감 효과가 기대됩니다. 또한 햇반은 재활용 등급 '우수' 등급 제품으로 햇반 용기 수거율을 높이기 위해 '지구를 위한 우리의 용기' 캠페인을 진행하고 있습니다.

플라스틱 절감(년)

60톤

스팸, 플라스틱 캡 제거

2020년 스팸 세트 2단량 적용을 시작하여 2021년도 200g, 340g이 포함된 전체 선물 세트에 본격적으로 확대 적용 및 기획 세트를 통해 플라스틱 사용량을 저감하였습니다. 포장재 겉면에 'No Cap for Us' 문구를 새겨 스팸과 함께 환경을 생각하는 마음까지 담았습니다.

2022년에는 120g 제품의 뚜껑도 제거하여 100% 뚜껑 없는 스팸 선물세트를 기획하고 있습니다.

플라스틱 절감(년)

446톤

CJ제일제당의 플라스틱 패키지 감축 이행 실적
출처: CJ제일제당 지속가능경영보고서

한다. 나아가 "이 같은 패키징 감축으로 CJ제일제당은 이제까지 총 925톤의 플라스틱 원료를 저감했다"고 부연했다. 925톤은 수치로만 보면 큰 숫자다. 그러나 얼마나 큰 수치인지 숫자의 의미를 판단하는 것은 불가능하다. 925톤은 CJ제일제당의 연간 플라스틱 포장재 발생량 3만 4,804톤(연)의 2.6%다. 이는 같은 기간 한 해에 늘어난 포장재 발생량 1,762톤보다도 적다. CJ제일제당의 2021년 플라스틱 포장재 판매량은 전년(3만 3,042톤) 대비 5.3% 늘었다. 특히 이 중 몇 퍼센트(%)가 재활용 가능한 포장재인지도 알 수 없다. 또 재생 원료PCR 사용량 60만 톤은 전체 플라스틱 포장재의 0.2%도 안 되는 양이었다.

핵심은 재활용률 95.3% 외에 언급된 비율(%) 표기 부분은 모두 개별 취재를 통해 회사 측에 별도 요청해 받은 자료를 기반으로 계산한 것이란 점이다. 일반 소비자나 외부 기관이 공개된 자료를 바탕으로 CJ제일제당의 자원순환 경영을 객관적으로 평가하는 건 사실상 불가능하다는 말이다. 높은 수준의 친환경에 대한 사회적 요구는 그린워싱에 대해 가짜 정보를 넘어서 제대로 밝히지 않는 것까지도 포함하는 추세로 강화하고 있다. 몇 해 전 네슬레는 자사 커피 캡슐을 수거해 재활용하는 캠페인을 소개했지만, 캠페인을 통해 재활용된 제품의 양과 규모를 밝히지 않아 그린워싱 논란에 휩싸였다. 캐나다의 친환경 컨설팅 기업인 '테라 초이스Terra Choice'가 제시한 기업들의 그린워싱 판단 기준 7가지(상충효과 감추기, 증거 불충분, 애매모호한 주장, 관련성 없는 주장, 거짓말, 유해상품 정당화, 부적절한 인증라벨) 중

첫 번째 '상충효과 감추기'에 해당한다. 상충효과 감추기란 친환경성을 뒷받침할 수 있는 정확한 정보나 인증 없이 친환경적인 몇 개의 속성에만 초점을 맞춰 홍보하는 것이다. 아울러 자연환경에 악영향을 주는 속성을 감추는 것도 포함된다. 좋은 것만 고르고 나쁜 것은 고르지 않는 '체리피킹Cherry Picking' 행위를 말하는 것이다.

'네이밍 앤 쉐이밍'은 엘런 맥아더 재단이 글로벌 서약 서명인에게 요구하는 유일한 이행 수단이며, 플라스틱 국제협정을 비롯해 많은 이니셔티브들이 이 같은 방식을 강화해 나갈 것으로 예상된다. CDPCarbon Disclosure Project(탄소정보공개프로젝트)가 2023년 환경 정보에 플라스틱을 추가하면서, 3,000개의 기업이 자발적으로 정보를 공개하기도 했다. 3조 5,000억 달러 이상의 자산을 관리하는 48개 금융기관은 각국 정부에 글로벌 플라스틱 조약에 기업 공개를 의무화하라는 CDP의 공개서한을 공개적으로 지지했다. 금융기관들의 정보 공개 촉구는 석유화학 및 플라스틱과 관련한 4,000억 달러의 투자가 좌초자산[32]이 될 위험에 처해 있다는 판단에 기인한다. 나아가 CDP는 기업의 정보 공개는 자발적인 행동만으론 충분치 않으며, 효과적으로 진행 상황을 추적하기 위한 정부의 동의가 필요하다고 강조한다.[33]

---

32) IEA(국제에너지기구)는 좌초자산을 "이미 투자되었으나 수명이 다하기 전에 더 이상 수익을 내지 못하는 자산"으로 정의한다.

33) CDP, 'Plastic-Related Corporate Disclosure', 2023.11.

CDP, 2023년 환경 공시 내 플라스틱 문항을 추가하기

전 세계 최대 환경 공시 시스템을 운영하고 있는 탄소정보공개프로젝트(CDP)는 2023년부터 설문지에 플라스틱 관련 문항을 추가하기로 했다. CDP는 플라스틱 문항 도입 배경에 대해 "2030년까지 배출량을 절반으로 감축하고, 2050년까지 넷제로 경제로 전환해야 한다"며 "앞으로 10년 이내 기업들이 환경 조치를 취하기 위해서는 실행 가능하고 구체적인 환경 데이터가 필요하다"라고 설명했다. 2022년 7월 CDP는 22페이지 분량의 'CDP 설문지 내 플라스틱 문항 도입 개요 및 피드백 요청(CDP signposting&feedback opportunity; Introducing plastics into CDA questionnaries)이라는 제안보고서를 공개했다. 보고서를 통해 플라스틱 문항의 도입 배경, 플라스틱 생산 및 사용과 관련된 이론적 근거, 질문 예시, 접근 방식, 세부 설문 문항 등을 설명했다. CDP는 엘렌 맥아더 재단의 플라스틱 보고 프레임 워크에 기반해 ▲불필요한 플라스틱 품목 제거 ▲100% 재사용, 재활용, 퇴비 가능한 플라스틱 혁신 ▲순환경제 등 세 가지 조치에 초점을 맞췄다. 문항은 필수 및 선택 질문으로 구성되어 있다. 필수 문항은 ▲플라스틱 활동(Plastic Activity) ▲플라스틱 사용 및 생산 매핑(Mapping use and/or production) ▲잠재적 환경 영향(Potential environmental impacts) ▲비즈니스 리스크(Risks to the business) 등 다섯 가지다. 선택 문항은 정량 데이터에 대한 질문이다. 기업들은 플라스틱 활동(Plastic Activity) 중 플라스틱 폴리머 생산·내구재·포장 중 하나를 선정하고, 플라스틱 판매 총량, 재활용·재생가능한 내용물 비중 등 수치화된 데이터를 입력해야 한다.[34] 2023년 4월 플라스틱 관련 영향을 공개할 수 있는 공개 플랫폼이 오픈했다. 공개를 요청받은 업계는 화학, 패션의류, 음식 및 음료, 화석연료, 포장으로 나뉘었다.[35]

7,000곳의 공개 가능한 기업들 가운데, 실제 3,000여 곳(42%)이 응답했다. 그러나 이들 기업의 행동과 이해 수준엔 상당한 차이가 있었다. 21% 기업만이 플라스틱 관련 위험을 알고 있었고, 64%는 플라스틱 제품 사용 및 폐기물 관리 관행 등 플라스틱 관련 영향을 관리하기 위한 목표를 설정하지 않았다.[36]

전 세계 환경 정보 공시 플랫폼을 운영하는 CDP는 2000년 12월 영국에서 설립된 비영리단체다. 2003년 기업의 기후변화 정보의 공개를 요청하는 CDP 기후변화(Climate Change) 프로그램을 시작으로, 물(Water), 생물다양성, 공급망, 도시 등 다양한 이니셔티브를 도입해 환경 정보 공개의 글로벌 표준 역할을 하고 있다. CDC[37]는 매년 각국의 시가총액 상위 기업에 온실가스 배출량, 신재생에너지 사용량, 규제 대상 여부, 기후변화 대응 노력 및 향후 계획 등의 탄소 정보를 공개할 것을 요청한다. 그러면 기업은 공개 여부와 세부적 공개 항목을 자체적으로 선택해 CDP에 탄소 정보를 공개한다. CDP는 기업으로부터 제공받은 정보의 질을 평가하고 점수를 매겨 CDP 홈페이지 및 보고서를 통해 대중에게 공개한다. CDP는 정보의 신뢰도 향상을 위해 공개를 선택한 기업에 한해 평가상 가장 높은 등급에 해당하는 A리스트에 편입될 수 있는 자격을 부여한다. 70% 이상의 기업이 공개를 선택하는 것으로 알려졌다.[38]

---

34) CDP adds plastic items, 'Social Value Connect', 2022.07.
35) CDP, 'CDP's environmental disclosure system opens for reporting on plastics for first time at request of investors with US$130+ trillion in assets', 2023.04.
36) CDP, 'New data shows majority of companies are overlooking plastic-related risks', 2024.04.
37) 기업과 도시의 환경 영향을 평가하고 투명하게 공개하도록 지원하는 비영리 조직이다.
38) 한명성 · 김평,『기업의 탄소정보공개프로젝트(CDP) 참여의 영향요인 분석』, GRI연구논총 제24권 제1호(통권 제81호), 경기연구원, 2022.02, 181-210p.

규제와 기존 시장의 실패

플라스틱 문제에 한국 정부 규제는 사실상 실패했다. 모든 곳에 파고든 플라스틱은 불과 몇십 년 만에 다양한 이해관계자를 만들었고, 저렴한 플라스틱의 유혹에서 벗어나지 못하고 있다. 다른 한 축을 담당할 시장 기제 역시 제대로 작동하지 않고 분담금 나눠 먹기식의 시장 실패가 나타나고 있다. 자국에 실망하고 난 이후 대개는 해외의 사례를 찾는다. 독일 말고는 없었다. 독일의 안정적 규제 환경과 관련 산업의 성장, 이를 지지하는 독일 시민들을 보고 나니 과연 우리가 할 수 있을까, 자신이 없어지기도 했다. 대한민국의 지배적 정서는 비록 경제 성장이 환경 보호보다 우위에 있지만, 이제는 이 공식이 역전되지 않으면 경제 성장을 담보하기 어렵다. 경제적 인센티브로 움직이는 시스템에서 대한민국만큼 빠르게 적응하는 곳은 세계적으로 드물다. 우리 경제가 성장을 지속하기 위한 해법으로 순환경제로의 전환은 필연이며 필수란 이야기다.

플라스틱 홍수 원인으로서 '규제 실패'

1968년 사이언스지에 기고한 미국의 생태학자 개릿 하딘Garrett Hardin의 짤막한 한 편의 에세이 같은 논문은 환경·기후위기 시대로 접어들며 영향력을 더 키우고 있다. 바로 논문『공유지의 비극The Tragedy of the Commons』[39]이다. 개릿 하딘의 '공유지 비극'에 대한 논문은 무료라는 이유로 공공재를 무분별하게 사용하면 결국 공유지의 풀은 고갈되고 공동체가 무너진다는 경고를 명쾌하게 비유했다. 공공재란 내가 어떤 재화나 서비스를 소비한다는 사실이 그 재화나 서비스를 소비하는 다른 사람들에게 아무런 영향을 주지 못하며(비경합성), 어떤 사람들이 그 재화에 대한 대가를 지불하지 않았다고 해서 그들이 그 재화를 소비하는 것을 막지 못하는 특성(비배제성)을 가진 재화나 서비스를 말한다. 폐기물의 무분별한 투기는 우리의 초목을 파괴하고 인류의 보건을 위협하는 비극을 초래한다는 점에서 '공유지 비극'의 대표적 예다. 하딘은 초목을 사유화하고, 정책이 개입하면 이런 비극을 막을 수 있다고 역설한다. 바로 '사유화와 정부 개입'이다.

우리나라 폐기물 정책은 공공과 민간책임, 규제와 시장 기제를 동시에 사용한다. 산업 부문이 전적으로 책임지도록 규제하는 독일과 산업의 책임을 적게 부담시키는 대신 공공의 역할

---

39) Garrentt Hardin,『The Tragedy of the Commons』, Science, 1968.

을 강조하는 일본의 방식이 애매하게 섞인 형태다. 장점은 산업과 가정, 국가와 지자체 등이 골고루 의무가 분담되면서 폐기물 처리에 대한 부담이 특정 주체에게 과도하게 쏠리지 않는다는 것이고, 단점은 책임이 분산된 만큼 철저한 처리 측면에서는 부족하다는 점이다. 이런 애매모호한 정책으로 한국의 폐기물 시장은 규제 실패와 시장 실패가 동시에 나타나며 순환경제 시대 대응을 지연시키는 주요 원인으로 지목된다. 수많은 폐기물 관리 사업자가 존재한다는 점에서 완전시장경쟁에 가까운 시장이라 볼 수 있지만, 재화(폐기물)의 가격은 불투명하고 정해진 파이를 분배하는 공공분배 시스템에 가깝다. 이런 판매 유통 시장은 부정적 외부 효과(공해와 오염 유발 등)를 초래하는 방식으로 작동해 시장 실패의 영역이 됐다. 규제 실패는 관료들의 복지 부동, 정치적 제약, 포획 현상, 규제 정책의 불명확성 등이 복합적으로 작동하고 있다.

집합적 해결 방식인 정부의 규제와 개입은 가장 강력한 힘을 발휘할 수 있지만, 정부의 의지와 정책 도입 과정의 역학관계 등에 따라 결과가 판이하다. 특히 우리나라의 폐플라스틱 문제만 놓고 본다면 정부 개입은 안타깝게도 이를 해결할 리더십의 공백 상태다. 우선 규제 실패부터 살펴보면, 우리나라는 전 세계적으로 폐기물 관련 규제 수준에서 상당한 수준의 제도적 다양성을 보여주고 있는 것으로 파악된다. 정부의 개입 수준의 범위는 결코 낮지 않다. △폐기물 부담금 제도 △생산자책임재활용제도Extended Producer Responsibility, EPR △자발적 협약

구분	'16	'17	'18	'19	'20	'21
생활계(혼합)	157	168	178	271	190	189
생활계(분리)	108	130	145	131	251	279
사업장	438	476	497	587	601	696
합계	703	774	820	989	1042	1164
증감률(%)	**10.6•**	10.1	5.9	20.6	5.4	11.7

* 출처: 전국폐기물발생및처리현황 저자 재가공 • 연평균 (단위:만톤(t)/연, %)

| 국내 폐플라스틱 발생량 추이

등 각종 제도와 법을 통해 전방위적으로 저감과 재활용 활성을 도모하고 있다. 그러나 〈플라스틱 폐기물의 발생량〉을 보면 최근 6년간(2016~2021년) 우리나라의 플라스틱 폐기물 발생량은 연평균 10.6%씩 증가했다. 무엇보다 2018년 폐비닐 수거 거부사태 이후 쏟아진 각종 폐플라스틱 종합 대책에도 불구하고 2019년 20.6%, 2020년 5.4%, 2021년 11.7% 증가세가 이어지고 있다는 점에서 우리나라 폐플라스틱 발생량은 정책 효과가 거의 발휘되지 못하고 있음을 알 수 있다.

이해관계자 포획 현상, 정치적 이해관계에 따른 잦은 정책 변화, 규제 목표의 불확실성 등 원인은 복합적이다. 특히 문제는 플라스틱 규제에 가속페달을 밟고 있는 국제사회와 달리 우리 정부는 일회용 컵 보증금제나 일회용 비닐봉투 규제 정책을 유예하면서 이를 '법 위반'을 통해서 이뤄냈다는 점이다. 정치적 리더십 부재로 평가하는 이유다. 개인의 일방적 견해가 아니냐고 반문할 수 있지만, 명문화된 법률에 반했다. 즉 법에서

명시적으로 규율한 사안을 정부는 따르지 않았다. 하나는 일회용품 무상 제공에 대한 과태료 부과 의무 위반이고, 또 다른 하나는 일회용 컵 보증금제 시행 시기 위반이다. 정부는 재량권을 가진다. 하지만 이 재량권 역시 법률에서 나온다. 정부 재량은 재량권을 부여한 법률의 취지에 따라야 하며 자의적으로 행사되면 안 된다.[40] 그렇지 않으면 법치국가가 아니다. 그런데 일회용 컵과 일회용품에 대한 법률을 살펴보면 정부는 재량권을 범위를 초과하고 있다.

국회는 일회용 컵의 부적정한 폐기로 인해 발생하는 자원 낭비와 환경오염의 문제를 해결하기 위해 2020년 5월 19일 컵 보증금제도 도입에 관한 '자원재활용법 개정안'을 의결했다. 이 법 부칙은 컵 보증금제도 시행시기에 대해 공포 후 2년이 경과한 날(2022년 6월 10일)부터 시행하도록 했다. 그러나 환경부는 시행 직전 부각된 가맹점의 부담 여론을 이유로 시행 시기를 그해 12월 1일까지 유예하겠다고 발표했다. 법이 정한 6월 10일이라는 시행 시기는 결국 아무런 효력을 발휘하지 못했다.

또 2023년 11월 7일 환경부는 '일회용품 사용 규제' 계도기한 종료를 약 2주 앞두고 새로운 일회용품 관리 방안을 발표했다. 계도기간이 끝나는 시점부터 이를 어길 경우 사업주에 최대 300만원의 과태료를 부과하도록 법에서 명시하고 있으

---

40) 오준근, 『재량행위의 판단기준과 재량행위의 투명화를 위한 법제정비방안』, 법제처, 2005.

나 이를 정부가 면제해 준 것이다. 구체적으로는 무상제공 금지 품목인 비닐봉투 등에 대해 과태료 처분을 배제했다. 이는 자원재활용법 제41조 과태료 조항 위반 사항이다. 41조는 금지 품목 무상 제공자 등에게 과태료를 부과하도록 되어 있는데, 법의 위임 내에서 행정 권한을 휘둘러야 할 환경부는 이 과태료 부과를 면해주겠다고 한 것이다. 일회용품 사용 규제 계도기간 무기한 연장을 통해 종이빨대 사용도 사실상 무력화됐다. 사실상 과태료 부과를 통해 법의 실질적 효력이 발생하는 만큼 일각에서는 이를 무기한 연기라고 평가하기도 한다.[41]

시대 흐름에 따라 고도의 전문성을 요하는 문제에는 행정청의 판단이 주요한 것은 맞다. 그러나 행정입법은 법의 테두리 내에서 이뤄져야 한다. 법적 안정성이 훼손될 수 있기 때문이다. 이는 숙제를 잘 이행한 수권자들에게는 오히려 재산권 침해로 이어지는 등의 심각한 부작용을 낳았다. 선량한 시민들의 환경규제에 대한 준수 의지를 후퇴시킨다. 국민의 생활 깊숙이 침투한 일회용품 규제는 이를 사용하는 소비자는 물론 플라스틱 제품의 생산자와 유통업자 등의 재산권에 미치는 직접적 영향이 높고, 일회용품 규제 대상 편입 여부에 따라 관련 산업의 이해관계에도 밀접하게 연관된다. 행정청이 손바닥 뒤집듯 할 만한 가벼운 정책이라고 보기엔 파급력이 크기에 신중

41) 노컷뉴스, 1회용품 규제 무기연기한 정부 '다회용품 많이 써달라, 2023.11.

할 문제다.

무엇보다 규제를 예견해 종이빨대 생산량을 늘린 사업자들의 재산권은 보호받지 않아도 되는지도 의문이다. 플라스틱 퇴출 이후를 대비해 생산을 대폭 늘렸던 친환경 제품 개발 제조업체들은 투자한 설비 및 이미 생산된 제품의 재고 문제로 인해 도산 위기에 몰렸다. 헌법의 재산권은 기대 이익이나 반사적 이익까지 보장하지 않는다는 점에서 규제 유예 결정이 이들의 재산권을 훼손했다고 볼 수 있을지 여부에 대해선 이론이 있을 수 있다. 그러나 정부가 규제를 후퇴한 이유로 꼽았던 소상공인의 애로와 비교해 받는 이들 종이빨대 사업자의 이익은 침익이 더 심각하다. 그럼에도 이들의 이익 구제 방안은 지리멸렬한 행정소송 등이 아니면 마땅치 않다. 지원책이라곤 고작 저리대출 등 궁색했다. 결국 일본의 종이빨대 수입업자들이 사가면서 재고는 처리했지만, 국내 시장을 염두에 두고 시설 투자를 한 이들의 실질적인 재산권 침해는 분명해 보인다. 일회용 및 플라스틱 규제 유예의 폐단은 선량한 사업자의 경제적 피해, 플라스틱 규제 도입에 대한 이익집단의 저항 강화와 잘못된 선례, 정부 정책 신뢰도 하락 및 수범자의 새로운 환경정책 준수 의지 저하, 미래 세대의 환경권 박탈, 국제사회에서 대한민국 위상 저하 등 그 부정적 여파가 셀 수 없을 만큼 크다.

저렴한 플라스틱의 강렬한 유혹

그만큼 플라스틱의 유혹은 강력하다. 저렴하고 편리한 플라스틱을 포기하는 것이 쉽지 않다. 플라스틱 사용에 대한 규제를 기대하기가 얼마나 어려운지를 살펴보는 일은 그리 어렵지 않다. 레트로 열풍을 타고 멜라민 그릇이 인기를 끌고 있다. 이 멜라민 그릇은 개당 250원에 온라인에서 판매되고 있다.[42] 대표적 '열경화성' 플라스틱 제품으로, 재활용이 불가능하고 썩는 데 수백 년이 걸리는 플라스틱이다. 열을 가했을 때 녹는 비닐 같은 열가소성 플라스틱은 소각해 열에너지로 쓰일 수 있지만, 열경화성은 고열을 가했을 때 그을음이 생기고 암을 유발하는 유해물질이 나온다. 매립하면 500년 동안 썩지 않는다고 한다.

다만 이는 퇴비화하기가 어렵다는 표현을 위한 은유일 뿐이다. 그보다 더 오랜 수명도 버틴다는 이야기다. 열경화성 합성수지는 멜라민수지 외에도 페놀수지, 우레탄수지 등 다양하다. 우리의 일상생활에 매우 폭넓게 사용된다. 쟁반, 물병 뚜껑 등 흔하게 우리 주변에서 사용되는 합성수지의 한 종류다. 소각이 어렵고, 반영구적이며 저렴하고 고열의 온도에도 잘 버틴다. 열경화성 플라스틱을 재활용하는 방법은 최초 만들었던 모양 그대로 다른 용도로 쓰는 경우 등을 제외하면 매우 제한적이다. 그릇은 대체할 수 있는 재질이 많기 때문에 가격 부담이

---

42) 네이버 쇼핑, 2022년 10월 검색 기준.

상승하면 사용량 감소로 이어질 여지는 충분하다. 그러나 사용이 편리하고 저렴하단 이유로 대부분의 요식업장은 멜라민 그릇을 사용한다.

멜라민 그릇으로 인해 발생할 환경오염 비용이 과연 250원에 책정이 됐다고 볼 수 있을까. 사회적으로 우리는 오염을 애초에 발생시킨 원인자에게 이 비용을 부과하기로 합의하고, 제조업자나 수입업자에게 이 비용을 부담시키고 있다. 이를 '폐기물부담금제도'라 한다. 1㎏당 7.6원이었던 플라스틱 폐기물 부담금은 지난 2006년 약 2,000% 인상된 150원으로 한차례 인상된 바 있다.[43] 그러나 부담금은 폐기물 발생을 제어하지 못했다. 정부의 곳간만 채웠을 뿐이다. 1kg 당 150원이라는 요율은 폐기물의 '처리'에 드는 비용을 기준으로 정해지는데, 재활용이 어려운 제품에 대해서는 '소각이나 매립' 비용에 해당하는 금액을 기준으로 정한다. 그런데 소각과 매립 처리 비용이 재활용보다 적게 든다. 재활용은 수거, 선별, 재가공 등 훨씬 많은 과정을 거쳐야 하기 때문이다. 폐기물 관리 서열에서 매립은 최하위다. 환경에는 가장 좋지 않은 처리 방법이다. 그러나 환경오염 비용이 반영되지 않을 때는 가장 저렴한 처리법이다. 우리의 폐기물 정책은 이렇게 환경비용을 반영하지 않는다.

---

43) 참고로 유럽연합은 재활용이 불가능한 플라스틱 폐기물에 대해 ㎏당 0.8유로(한화 약 1050원)의 '플라스틱세'를 부과하기로 했다. 이는 우리나라 폐기물부담금의 약 5.7배에 달하는 금액이다.

심지어 폐기물부담금은 재활용이 가능한 플라스틱 생산업자에게 부과되는 생산자책임재활용제도EPR 분담금보다 일부 더 저렴하다. 한국포장재재활용공제조합에 따르면 2021년 기준 12개 품목의 플라스틱류 EPR 분담금 중에서 폐기물 부담금보다 높은 품목은 7개였다. 설상가상 생산자가 재활용 의무 이행률을 미달해 패널티(부과금)를 받게 될 경우에는 EPR 대상기업들은 최대 3.8배 더 많은 벌칙금도 내야 한다.[44] 또 전체 폐기물 부담금 대상의 약 15%가 감면 대상이다.[45] 정부는 영세업자를 보호한다는 이유로 매출액 10억 원 이하나 연간 생산량 10톤 이하인 업체는 폐기물 부담금 대상에서 제외해 주고 있다. 여기에 중소기업 가운데서도 매출액 200억 이하에선 매출 구간에 따라 50~100%의 부담금 감면이 이뤄진다. 플라스틱이 악마의 물질이 된 건 이렇게 느슨한 규제와 사각지대의 존재로 인해 가성비 최고의 물질로 생명력을 유지하고 있기 때문이다.

이미 정부도 이 문제를 인식하고 '폐기물 부담금 요율 현실화'를 추진하기로 했지만, 수년째 서랍에 잠자고 있다. 이해관계자 단체만 40여 곳에 달하는데, 이를 담당할 공무원의 수는 턱없이 적다. 환경부 공무원들은 2년여마다 부처를 옮긴다. 요율 인상은 저항이 심하다. 지난 2006년 환경부의 폐기물 부담금 20배 인상 정책을 추진시킨 장본인인 이찬희 한국포장재

---

44) 한국포장재재활용공제조합, 2022년 기준 분담금계산기.
45) 한국포장재재활용사업공제조합, 〈2022 포장재 자원순환 연차보고서〉, 2023.

재활용사업공제조합 전 이사장은 수십 번의 공청회뿐만 아니라 산업계, 산업부, 각종 위원회 등을 일일이 설득해야 하는 고난의 행군이었다고 귀띔했다. 이 이사장은 "각 플라스틱 관련 업계 수십 곳과 간담회를 거쳤다. 정부의 부담금운용심의위원회와 규제개혁위원회 위원들도 개별적으로 찾아가 만나 설득해야 했고, 문전박대를 당하기도 했다"고 회고했다. 플라스틱에 이해관계자가 너무 많다. 사실상 경제활동 전 주체라 봐도 될 만큼 플라스틱이 침투해 있기 때문일 터다. 플라스틱 문제는 정책과 규제의 중요성에도 불구하고 강력한 규제를 적용하기란 쉽지 않다. 이해관계자들 모두가 플라스틱을 제대로 처리하는 데 들어가는 비용 청구서를 이견없이 받아들이고, 환경 보호를 위해 종이빨대의 눅눅함과 불편함을 수용하라고 하기엔 우리 사회는 너무나 복잡계다. 공유지의 비극을 피하기 위한 규제는 이처럼 경로의존성이나 여론의 반발을 무시하기 힘든 정치적 선심행위 등에 의해 무딘 칼날이 되고 만다.

재활용 산업 '영세성'은 시장 실패의 결과

공공부문 개입은 대한민국의 플라스틱 문제를 해결하기엔 아직은 역부족으로 보인다. 그렇다면 시장은 어떨까. 현 재활용 산업 구조를 살펴보면 시장 실패가 나타나는 이유도 분명하다. 현 제도는 기존 기득권을 보호하면서 혁신을 통한 인센티브를 제약하는 구조다. 언뜻 보면 완전자율경쟁 체제처럼 보이지만 제품(폐기물)의 판매이익이 질이 아닌 양에서 주로 기인

하는 구조인 탓에 외부효과(쓰레기 산)를 낳는다. 아울러 철저한 정보 비대칭으로 인한 도덕적 해이와 새로운 혁신에 대한 진입 장벽 역시 이 시장을 비효율적으로 만드는 원인 중 하나다. 이는 오랜 기간 이어져 온 이 산업의 영세성이 반증하고 있다. 재활용 산업의 영세성은 수십 년 이어온 고질적 문제다. 1990년대에도 전문가들이 지적했던 영세성은 30년이 지난 현재까지도 크게 다를 바 없다. 2021년 기준 폐기물 재활용 업체 6,720곳 가운데 종업원 50인 이하가 96.4%, 매출액 10억 원 미만이 75.9%다. 그나마 자본 투자가 가능한 매출액 500억 원 이상 업체는 50곳으로 전체의 0.7%에 불과하다.[46] 하나의 산업이라기보다는 영세 자영업자들이 대부분이다. 영세성에 대한 문제를 해결해야 한다는 지적은 30여 년째 이어지고 있지만, 좀처럼 바뀌기 힘든 것은 이 시장이 구조적으로 폐쇄적으로 운영되도록 작동해 왔기 때문이다.

폐쇄적으로 영위해 온 산업에 광풍이 불어온 건, 친환경 시대 '순환경제'가 대두하면서다. 대기업이 기웃거리기 시작했고, 투명성에 대한 요구가 커졌다. 고물상이 하던 일까지 대기업이 넘본다는 논리가 맞섰다. 택시 사업자들과 첨예한 갈등을 겪었던 타다 서비스 사태가 재현될 우려가 나왔다. 승차 공유 서비스로 공유경제 혁신의 상징이었던 '타다 서비스'는 2020년

46) 자원순환정보시스템, 〈전국 폐기물 발생 및 처리현황(2022년)〉, 2023.12.

3월 불법 콜택시 논란으로 '타다 금지법'이 통과하며 결국 서비스가 종료됐다. 소비자들은 환호했지만, 택시 기사들이 대규모 집회와 분신자살로 '타다 OUT'을 외치며 격렬하게 반대했다. 영세한 사업자들의 '밥그릇 빼앗기' 논리는 혁신 사업이 진입하는 데 최대 리스크다. 폐기물 산업에서도 비슷한 움직임이 나타났다. 폐플라스틱 문제를 해결하는 데 혁신 기술을 도입해야 한다는 목소리는 영세 사업자들의 생존 문제 앞에서 작아진다. 새로운 규제나 신규 플레이어가 진입하려 할 때마다 거센 저항을 받아왔다. 환경부 자원순환국은 이런 민원 탓에 험지 중 험지로 꼽힌다. 의료 폐기물 관리를 환경부로 이관할 당시 환경부 이찬희 자원순환과장은 "집으로도 불량배들이 협박 전화가 와서 가족들이 걱정이 많았다"고 전하기도 했다.

이들의 사회 변화에 대한 저항과 생존력은 깊은 역사적 뿌리가 있다. 우리나라에서 폐기물업은 일제강점기 이후 40~50곳에 거지들이 모여 살며 동냥과 넝마주이를 시작한 것이 시작이다. 넝마주이는 사설막, 자작 방식의 조직을 갖추고 망태기와 집게를 사용해 폐품을 수집해 판매했다. 품행이 천박하고 못된 짓을 일삼는 사람을 속되게 이르는 말인 '양아치'는 이들을 가리킨 '동냥아치'에서 시작된 것이다. 본격적인 산업화가 이루어지던 1960년대부터 사회의 부랑아였던 넝마주이에 대한 사회적 차별과 정부의 감시와 관리가 시작됐고, 이들은 정비와 단속, 격리 대상이 됐다. 근로재건대 밖에 위치한 넝마주이들은 단속을 피하며 폐품을 주웠고, 일부는 고물상 일을 시작하

난지도 쓰레기 매립장 과거 모습과 하늘공원

난지천공원으로 탈바꿈한 현재의 모습 출처: 서울특별시

기도 했다. 거대한 쓰레기 산이었던 난지도 매립장을 중심으로 판자촌을 형성해 거주했던 이들은 1990년대 이후 난지도매립지 운영 중단과 1995년 쓰레기 종량제 봉투 제도를 계기로 국가가 재활용 산업에 개입하면서 폐품 산업의 성장과 함께 점차 사라졌다. 넝마주이는 사라졌지만 이들 중 일부는 재활용 업체로 성장해 사업을 대물림하고 있다.[47]

47) 한국민족문화대백과, 한국학중앙연구원 등 참고.

매립과 소각 처리는 정부 주도의 시장 개입으로 상대적으로 대규모 시설화를 이뤄냈지만, 재활용 산업은 그렇지 못했다. 1988년 서울올림픽을 전후로 생활 수준이 급격히 상승하면서 쓰레기 발생량은 지금의 2배 이상인 국민 1인당 하루 2kg을 넘겼고, 경제 개발이 본격화되자 생활오물을 청소하고 매립과 노천에 마구 버려진 폐기물 처리 문제가 대두했다. 매립과 소각 등 폐기물의 '깔끔한 처리' 문제가 대두하면서 정부의 적극적 개입이 이뤄졌고, 이 같은 국가의 개입으로 2000년대 이후 쓰레기 발생량은 1980년대에 비해 반으로 줄었고, 쓰레기 수집 운반 수단도 기계화됐다. 매립장은 위생매립시설로 탈바꿈하고 소각 시설에선 소각 폐열을 에너지화하는 시설로 대체됐다. 30년간 쓰레기 매립률은 94.6%에서 15.9%(2012년 기준)로 줄고, 재활용은 1.4%에서 59.1%로 증가했다. 문제는 폭증한 재활용 쓰레기였다.

쓰레기 감량을 위해 우리나라는 1995년 전 세계 최초로 전국적으로 쓰레기 종량제를 도입하기도 했다. 문제는 예상과 달리 종량제가 쓰레기 감량보다 재활용품 분리 촉진에 더 큰 영향을 미쳤다는 점이었다. 서울시정개발연구원(현 서울연구원)에 따르면 종량제 실시 이전의 총 수거량 감소 효과를 감안한 실질적인 총 수거량 감소폭은 4.4%로 사실상 쓰레기 감량에 미친 영향은 크지 않았다.[48] 대신 급작스럽게 늘어난 재활용 폐기물은 사회적 문제로 대두하기 시작했다. 우리 사회의 오피니언 리더로 활약해 온 고故 이정전 서울대 환경대학원 교수는 당시 이를

'쓰레기 종량제의 파문'이라고 일갈했다.[49] 그는 "재활용 체제가 제대로 갖추어져 있지 않은 상태에서 너무 서둘렀다"고 꼬집었다. 종량제 실시 후 분리배출 된 재활용 가능 폐기물이 쏟아져 나왔지만 이를 보관할 집하장도 태부족이었다. 재활용 산업의 준비도 미흡해 재활용 폐기물이 심하게 적체됐던 것이다.

이에 당시 해법으로 재활용 폐기물에 가격을 좀 더 높게 쳐줄 수 있는 제도를 마련하는 것이 떠올랐다. 1992년 생산업자에게 회수·처리비용을 부담하게 했던 예치금 제도가 2003년 생산자에 재활용 책임까지 부과하는 생산자책임재활용제EPR로 바뀐 것이다. 이에 선별·재활용 업체에게도 주요 수익 기반이 생겼다. 그럼에도 재활용 산업의 고도화는 이뤄지지 못했는데, 이는 EPR 분담금의 배분 방식에서 한 원인을 찾을 수 있다.

재활용 업체들은 제품의 품질이 아닌 무게에 따라 분담금을 배분 받는다. 품질을 높이기 위한 신기술을 도입할 유인이 적다. 그 결과 국내 민간 재활용 사업자들 가운데, 폐플라스틱에 대해 재질별 자동화 분류가 가능한 곳이 거의 없다. 물론 좋은 품질은 더 높은 가격을 받을 수 있기 때문에 고품질의 폐기물은 시장에서 고가를 받을 수 있다. 하지만 무게에 따른 비용 구조가 기본인 만큼 품질 관리에 대한 관심이 적다. 즉 현재 폐

48) 서울시정개발연구원(현 서울연구원), 〈쓰레기 종량제의 평가 및 개선 방안〉, 1996.
49) 이정전, 『지속가능한 소비와 쓰레기 종량제』, 한국도시연구소, 도시연구(한국도시연구소 논문집), v.1 (1995-11)

기물 시장의 가격 결정 유인이 폐기물의 재활용 처리율을 높이는 방향으로 작동하지 않는다는 것이다.

그럼에도 미래 에너지원, 금맥으로 떠오른 폐기물, 뜨거운 인수합병M&A 경쟁' 등 언론을 통해 나오고 있는 폐기물 산업을 둘러싸고 있는 수식어들은 화려하다. 여기에 희소 금속 추출을 위한 전기·전자 폐기물E-waste과 폐배터리까지 접목되면서 폐기물 산업은 최근 가장 '핫hot'한 시장이 됐다. '순환경제'라는 친환경 키워드가 접목되면서 폐기물 산업은 육성 정책의 대상으로도 칭송받고 있다. 이렇게 자본과 정책 지원이라는 쌍두마차가 이끄는 폐기물 산업은 거칠 것이 없어 보인다. 그러나 위의 화려한 수식어는 폐기물을 처리·매립하는 다운스트림 Downstream 부문의 몫이다. 매립·소각 시설 인허가의 희소성과 폐기물 발생량 증가가 견인한 폐기물 처리 산업 성장은 2010년 JP모간 등 사모투자펀드PEF들이 뛰어들면서 조명을 받기도 했다. 그러나 폐기물 재활용을 통해 고부가 가치 자원을 생산하는 업스트림Upstream 부문에서는 사례가 많지 않다.

폐기물의 이미지는 지저분하고, 없애야 할 해로운 것들이다. 폐기물 산업은 이런 이미지를 떠안으며 경제 행위의 가장 말단에 위치한다. 순환경제 시대엔 경제 행위의 말단과 최정점의 경제 주체(제품 생산자)가 직접 맞닿아야 한다. 폐기물 소각과 매립 등 처리 사업은 대기업이 직접 할 수도 있지만 수천 개의 영세 사업자가 존재하는 재활용 산업은 양극단의 경제 주체가 협업해야 하는 어려운 과제를 안고 있다. 그간 경제 구조의 최정점에서 대기업들은 국내 폐기물 산업과 협업을 경험한 적이 없다. 재활용 업체는 여전히 지저분한 것들을 처리하는 업종이라는 인식이 강하고, 심지어 불법과 합법의 경계마저 불분명하다. 폐기물 산업의 낮은 투명성과 분담금 배분 방식의 수익구조는 기존 폐기 중심의 선형경제 체제에서도 문제를 낳아왔다. 신기술과의 접목이나 정부 정책이 쉽게 녹아들지 못했다.

결정적으로, 그동안 이렇게 서로 동떨어져 영위하고 있던 선형경제 체제가 더 이상 지속가능하지 않게 된 건, 미국과 유럽의 최종 소비재 기업들이 국내 플라스틱 원료사에게 친환경 플라스틱 원료를 내놓으라는 압박 때문이었다. 재생 플라스틱을 구하기 위해 국내 석유화학사들은 2020년 무렵을 즈음해 본격적으로 인수합병M&A을 위해 재활용 산업체 물색에 나섰다. 규모가 상대적으로 큰 재활용 업체 대부분이 대기업의 인수 의사를 타진 받았다. 그러나 이 M&A 시도는 2021년 10월 막혔다. 대기업 진출에 위협을 느낀 재활용 업체들이 중소기업 적합업종 지정을 동반성장위원회에 신청하면서다. 한 재활용업계 대표는 "대기업이 들어오면 업계가 교란될 겁니다"라며 무조건적인 반대를 외쳤다. 결국 위원회는 대기업들은 재활용업에 진출하지 않고 재활용 업체는 원료를 안정적으로 공급하도록 하는 상생협약을 맺는 방식으로 마무리가 됐다.

중소기업의 밥벌이를 지켜주기 위한 취지이지만, 중소기업 위주의 재활용 산업이 경쟁력을 갖추기 위해선 자본력과 기출력이 더디다는 한계가 있다. 아직 대부분의 민간 선별 업체에서 수작업으로 플라스틱을 분류하고 있으며, 고가의 광학선별기기 도입 지원은 공공선별장에 한해 이뤄지고 있다. 대부분의 처리 시설에선 PP(폴리프로필렌)가 PP로 PET(폴리에틸렌 테레프탈레이트)가 PET로, HDPE(고밀도 폴리에틸렌)가 HDPE로 구분하는 것부터 난관이다. 우리나라 재생 플라스틱 규제가 오로지 PET로만 국한된 이유는 국민들이 페트병을 분리배출 해주고 있기 때문이다. 시민들이 라벨을 제거하고 압축까지 해서 분리배출 해주고 있기에 가능하다. 그 외에 플라스틱은 재활용되기 쉽지 않다. 정부는 플라스틱 분리배출통을 4종 이상으로 하겠단 대책을 내놓기도 했다. 2020년 12월 나온 정부의 '생활폐기물 탈脫플라스틱 대책'에서는 그 해 12월 25일부터 투명 페트병 별도 분리배출을 단계적으로 시행하고, 2022년까지 플라스틱 분리배출 통을 4종 이상 설치한다고 했다. 이렇게 되면 현재 7~8종에서 10종이 넘는 분리배출을 시민들이 해야 하는 것이다.

OECD에 따르면 대부분의 고소득 국가는 정부 주도의 공식적인 분리배출 제도를 가지고 있으며, 자본 집약적 처리를 거친다. 반면 저소득 국가에서는 저숙련 노동자나 비공식 재활용 부문(폐기물 수거업자)에 의해 수행되는 경우가 많다. 특히 이 같은 비공식 재활용 부문에 대해 OECD는 "상대적으로 비효율적이고 환경적으로 유해하며, 종종 위험 물질의 배출을 막지 못하고 건강 및 환경 위험을 초래한다는 심각한 우려가 있다"고 지적한다.[50] 한국은 폐플라스틱 관리 문제만 놓고 보면 아직 저소득국가의 처리 방식을 따르는 셈이다. 독일을 비롯한 유럽 주요 선진국과 일본, 미국 등 주요국에선 재활용 쓰레기 산업이 대기업 중심으로 하나의 지자체를 소수의 업체가 관리하며, 지자체가 여기에 재활용 가능 자원을 엄격히 관리하는 형태가 일반적이다. 이렇게 성장한 재활용 산업은 기술과 자본력을 바탕으로 선별 및 처리 고도화를 이뤄냈다. 미국의 폐기물 관리 업체 웨이스트매니지먼트WM의 시가총액은 국내 시가총액 2위인 SK하이닉스에 맞먹는다. 폐플라스틱 재활용 시장은 수요가 급증하면서 공급자 우위 시장으로 완전히 탈바꿈했다. 그러나 전 세계에서 가장 분리배출을 잘하는 국가로 꼽히는 한국의 폐플라스틱 산업은 더딘 고도화로 인해 글로벌 시장에서 경쟁력을 잃어가고 있다. 대기업·중소기업이 재활용 산업에서 칸막이를 치고 역할을 분담할 게 아니라 폐플라스틱 수거·선별·처리 과정의 수직계열화를 위해 전략적 합종연횡이 필요하다는 지적이 나온다.

이렇게 대기업이 시장 진입에 애를 먹고 있는 사이 해외에서는 대규모의 경제를 일궈가고 있다. 태국에 본사를 둔 '인도라마 벤처스'라는 기업은 2022년 r-PET 생산 캐파CAPA가 우리나라 전체 시장 대비 20~30배에 달한다. 한국에서는 페트의 재생원료 사용량이 2023년 기준 고작 2만~3만 톤이지만, 인

50) OECD, 〈Global Plastics Outlook〉, 2022.06.

도라마 벤처스는 연간 69만 톤(2022년)을 생산했다. 재생원료 사용의 가장 큰 걸림돌인 소비자들의 부정적 인식과 품질 문제 극복을 위해서는 안전성을 담보할 자본력과 기술이 뒷받침돼야 한다. 재생원료의 안전성 문제는 이를 사용하는 기업의 평판에 치명타가 될 수 있기 때문이다. 제대로 된 재활용 시스템을 갖추지 못한 경우 독성 성분 검출 등 안전성 문제에 대한 지적도 실제 잇따르고 있다. 여러 연구 논문에 의하면 폐플라스틱은 살충제·살생물제 성분, 유해한 플라스틱 첨가물 등 화학물질 오염으로 문제가 되고 있다. 품질 인증과 모니터링 등 제도적 품질 안전성에 대한 기반과 더불어 산업 고도화가 요구되는 이유는 이 같은 안전성에 대한 문제도 극복해야 하기 때문이다. 대기업과 중소기업의 상생협약을 넘어 전략적 파트너로서 재활용 산업의 통폐합과 투자 확대를 통한 혁신 기술 도입이 요구되지만, 당장 국내 대기업은 재활용업에 진출이 막혀 있다.

한편으로는 이런 대기업의 진출로 수많은 영세 사업자들은 도태될 것이란 우려가 나온다. 하지만 칸막이는 단기간 미봉책일 뿐이다. 순환경제 시대를 준비하기 위한 기간으로 3년은 충분할 수 있다. 이 상생협약 기간 동안 폐기물 산업은 자체적인 정화를 통해 고도화를 일궈낼 필요가 있다. 국내에서 안정적인 원재료(피드스탁)를 확보하지 못한다면 대기업은 해외 시장을 통해 원료를 조달하는 루트를 만들어 낼 것이고, 이는 우리나라의 폐플라스틱 문제 해결만 늦출 뿐이다.

다음은 인터뷰를 통해 나온 현장의 목소리다. 2022년 말 순환경제 촉진법이 통과된 이후 얼마 지나지 않아 김정빈 수퍼빈 대표, 김경민 국회입법조사처 조사관, 김승희 환경부 자원순환국장을 차례로 만났다. 업계와 전문가의 진단, 그리고 정부는 이 문제를 어떻게 보고 있을까.[51)]

우리나라 폐기물 산업의 가장 큰 문제점은

- 김정빈 수퍼빈[52)] 대표: 소비 이후 폐기물이 기존의 폐기물 산업 생태계로 들어오면 섞여버려 오염이 더 심해진다. 순환경제 시대에 가장 힘든 점이 생산자들이 가져다 쓸 수 있는 깨끗한 폐기물이 없단 것이다. 번호표 받고 서 있어도 못 구한다. 페트 이외에 다른 재료의 재생원료는 수입한다.
- 김경민 국회입법조사처 조사관: 앞으로 탄소중립과 순환경제를 연결시키면서 전 세계로 나가려고 하면 통계부터 시작해서 모든 부분에서 대기업이 참여하지 않으면 안 된다. 그동안은 국가 정책이 워낙 오락가락하니까 못하고 있었다. 우리는 법이 만들어져야 산업이 크는 국가다. 이제는 내수 시장이 아니라 해외 시장과 연계되

---

51) 이데일리, 대한민국 순환경제 무엇이 문제인가〈상, 중, 하〉[플라스틱 넷제로] 기사 요약, 2023.

52) 수퍼빈은 페트와 캔에 개당 50~100원의 포인트를 지급해주는 기기인 네프론을 통해 고품질 폐기물을 수거한다. 마트와 공원 등에 설치된 네프론은 소비 이후 오염이 가장 적은 단계에서 페트와 캔을 수거한다. 하루에 두 번 이상 기기를 비워야 할 정도로 지역사회에서 인기가 높다. 수퍼빈의 화성공장인 아이앰팩토리는 이렇게 수거된 페트와 캔을 재생원료인 플레이크로 만들어 판매한다.

어 있고 탄소중립 흐름이 있으니 국가가 흔들 수 없는 기반이 있다. 대기업이 뛰어들 시장은 마련됐다. 그런데 (재활용업 진출이 막히면서) 그 고리가 끊어졌다. 우리나라 생수는 유럽에 판매하기 어렵다. 유럽은 재생 비중이 의무조항이다. 또 이제 국내 석유화학기업들도 재생원료를 유럽의 제조사들에게 공급해야 한다. 그런데 우리나라 폐기물로는 품질 보증이 안 되니 해외에서 수입해서 하고 있는 실정이다.

유럽의 재생 플라스틱 규제에 비해 너무 느슨한 것 아닌가

- 김승희 환경부 자원순환국장: 2022년 10월 발표한 탈플라스틱 대책에 제조사로 확대하는 방침을 발표했다. 현재는 원료인 칩 생산자에게 의무화하고 있으나, 중요한 것은 플라스틱 제조사가 재활용을 해야 하는 것에 공감한다. 다만 이상적인 방향이긴 하나 재생원료를 투입하는 것은 앞으로 시간을 좀 더 두고 가야 할 문제로 보고 있다.

대기업의 자본력을 활용할 필요가 있다는 지적이 있는데

- 김승희 환경부 자원순환국장: 우리도 고민인 부분이다. 그러나 이는 기존 재활용 업계와 조율해 가면서 해나가야 한다. 그래서 가급적 이 부분은 화학적 재활용으로 풀어가려 하고 있다. 또 우리는 워

낙 플라스틱 재질이나 색깔도 다양해 선별을 잘해야 하는데 우리 기술로는 아직 역부족이다. 재활용 플라스틱을 쓰려면 비용이 너무 올라가는 문제도 있어 기업에 규제를 하기가 쉽지 않은 문제도 있다.

대기업 진입제한 결론이 날 때 환경부는 어떤 역할을 했나

- 김승희 환경부 자원순환국장: 동반위가 민간기구다 보니 그 당시엔 민간의 협의 과정에서 정부가 개입하면 내용이 이상해질 수 있어 개입을 하지 못했다. 환경부나 산업부가 개입이 되면 부처 간의 일이 되니 동반위도 개입 거절했다. 이후에 결과가 나온 다음 동반위에서 상생협의체에는 참여를 부탁해와서 함께 논의 중이다. 대기업이 재활용 원료로 투입할 만한 충분한 양의 폐기물을 확보하는 것이 어렵다. 민간 자본을 통해 짓고 기부 채납한 후 20년 동안 운영권을 주는 민간투자사업(BTO)을 검토하고 있다. 사업장 폐기물이 생활 폐기물의 5~6배에 달해 이를 활용하는 방안도 고민하고 있다.

신기술이 적용된 수거·선별 시설은 좀 느슨한 규제를 해야 하는 것 아닌가

- 김승희 환경부 자원순환국장: 고도로 선별을 잘한다고 하더라도 이것이 폐기물이 아닌 것은 아니다. 애로 사항이 있으면 폐기물의

범주 내에서 규제를 풀어줄 수는 있겠지만, 폐기물을 일반 제품처럼 적용을 해주긴 어렵다. 폐기물에서 여전히 제기되는 이슈 중 하나가 방치폐기물이다. 실제 업장을 가보면 재활용한다고 해놓고 창고에 쌓아두거나 관리를 제대로 하지 않아 방치되는 경우가 많다. 폐기물이 환경적으로 사업자가 제대로 관리할 수 있는지를 보고 나서 판단을 하다 보니 현실적으로 순환자원으로 인정되는 속도도 느릴 수밖에 없다.

현재 환경부가 가장 중점으로 두는 것은 무엇인가

- 김승희 환경부 자원순환국장: 순환경제촉진법 하위법령을 어떻게 잘 구현해 나갈지가 가장 큰 고민이다. 순환원료, 순환이용 등 새롭게 생긴 범위를 명확히 하고, 폐기물에 어떻게 더 가치를 부여할지를 정하는 것이 가장 큰 부분이다. 그리고 지방자치단체에 목표를 설정하고 순환경제를 촉진하도록 제도를 설계해야 하는 부분들도 있다. 순환자원 고시와 규제샌드 박스도 도입될 텐데, 그런 부분 통해 기존에 폐기물 관리법에 있는 규제 시스템들을 좀 더 유연하게 바꿔줄 수 있는 것도 필요하다. 또 많은 관심사 중 하나가 '수리권'인데, 어떤 제품을 대상으로 할 것인지 등 2025년 시행에 앞서 정밀하게 고민을 해야 한다.

독일은 왜 잘할까

'열심히 한 분리배출이 무용지물로 끝나더라.' 이런 자국의 엉망인 시스템에 실망하고 대체로 거치는 과정은 해외 선진 사례를 찾는 것이다. 성숙한 사례를 발견하기 위해 많은 곳을 물색했지만, 독일 말고 주목해야 할 나라는 없었다. 독일과 한국의 환경정책의 차이를 직접 비교한 제대로 된 연구는 없지만, 두 나라의 환경정책을 다룬 논문·책·보고서 등 다양한 문헌을 검토하고, 독일과 한국의 정책 담당자 등을 중심으로 심층 면접을 통해 얻은 결론은 '환경에 대한 진정성과 정책의 일관성'의 차이였다.

환경정책은 정권에 따라 크게 변화하는 경향이 나타나지만, 독일의 환경정책은 정권에 따라 특별한 변화가 없다. 독일의 환경정책은 정치 체제가 바뀌어도 변화하지 않는 유일한 분야다. 고유경 원광대 역사교육과 교수는 "단절과 굴곡으로 점철된 20세기 독일 현대사에서 유독 환경이란 주제는 놀라운 연속성을 나타낸다"며 "독일에서 환경정책을 담당하는 국가 기관은 명칭만 변했을 뿐 어떤 정치 체제의 극적인 변화에도 단절 없이 계속됐다"고 평했다. 전 세계 1위의 기술 수준과 관련 산업 규모, 연구기관의 수 등 환경 분야에 있어 독일이 갖고 있는 기록은 셀 수 없이 많다. 일관성이 낳은 독일의 주요 자산이다. 정책은 과학적 연구에 기반하고 독일의 환경 산업은 규제에 따라 혁신을 일군다.[53]

기자의 시각으로 본 독일의 독특한 점은 혀를 내두를 정도로 높은 독일 정부의 자기비판 수준이었다. 독일은 환경정책의 두뇌인 독일 연방청UBA이 실증적 정책 수단의 효과성에 대한 연구를 실행하고, 입법과 규정을 마련한다. 나아가 관련 통계를 생산하고, 정책 목표 이행 수준 달성 여부를 끊임없이 추적해 보고서를 생산한다. 과학적이고 전문적으로 쓰인 연구 보고서는 이해가 쉽도록 요약 보고서를 만들어 일반에 공개한다. 한국 언론의 주요 기능 중 하나인 정부 발표를 재생산하고 비교·평가하는 것을 정부 기관이 대신하고 있는 셈이다. "독일의 상당수 정책 발표는 언론을 통하지 않는다"고 현지 취재원은 귀띔했다. 이 같은 자기검열이 바로 독일 환경정책의 일관성의 비결은 아닐까. 독일과 오랜 앙숙인 영국의 대표적 언론인이자 국제평론가인 존 캠프너John Kampfner는 미국 평론가 조지 윌George Will이 2019년 초 "오늘날의 독일은 세상이 봐왔던 최고의 독일이다"라고 평가한 데 크게 공감하며 《독일은 왜 잘하는가Why the Germans do it better》라는 제목의 책을 펴냈다. 독일 역시 많은 사회·경제·정치적 문제가 산적해 있긴 하나, 독일의 성숙함과 끊임없는 자아비판을 본받으려는 흐름이 이처럼 일각에서 나오고 있다고 그는 전한다. 존 캠프너는 "독일은 역사로부터 얻을 수 있는 긍정적인 준거점이 거의 없다. 그것이 독일이 뒤돌아보기를 거부하는 이유이고, 그들이 민주주의에 대한 모

53) 코트라, 〈독일 총선 이후 시장 전망과 우리 기업 기회요인〉, 2021.10.

든 도전 과제를 실질적인 위협으로 바라보는 이유다. 이는 내가 전후로 독일이 도전 과제를 해결하고자 했던 진지함을 매우 높이 평가하는 이유"라고 했다.

정치와 정책뿐만 아니라 환경 거버넌스 전반이 완성형에 가깝다. 환경 거버넌스란 정부, 단체, 기관, 기업체, 주민 등이 자율적이고 상호 의존적인 관계에서 다양한 방식으로 공동의 책임을 가지고 협력해 환경문제를 해결하는 과정을 말한다. 독일의 환경정책은 언론 등을 통해 대대적으로 보도되지 않아 기업들은 주시하고 있어야 한다. 환경규제는 기업경영에 있어서 리스크 요인이다. 이에 기업들은 규제에 앞서 선제적으로 규제 수준을 준수해 나가며 계약에 나선다. 각종 정책연구 보고서를

| 독일 메인 거리에서 트램과 자동차, 자전거가 한 도로에서 다니는 모습. 자전거 이동이 편리하도록 보행자 길과 자동차 도로 사이의 턱이 낮다. 시의 거의 모든 도로에 자전거 전용 도로가 있다. 도로의 폭이 좁거나 자동차 전용도로인 경우엔 자전거가 다닐 수 있는 별도의 자전거 길이 조성되어 있어 이동 흐름이 끊기지 않는다. /저자 촬영

통해 규제 의사를 슬슬 내비치면서 기업이 준비할 수 있도록 한다. 규제와 시장의 '티키타카'가 만들어 낸 환경 거버넌스다.

무엇보다 독일이 일관된 환경정책을 펼 수 있는 기반은 바로 독일의 환경시민이 자리하고 있다. 지리적으로 보면 독일은 남한 면적의 3.6배, 인구는 8,300만 명에 달한다. 게르만족으로 독일어를 사용하며 오랜 분권 국가 경험으로 시장도 지역 특색에 따라 발달해 있으며, 수도인 베를린 외에 프랑크푸르트, 함부르크, 뮌헨, 쾰른 등 주요 도시가 발달해 있다. 제조업 기반의 산업 구조이며 주된 산업 분야는 자동차, 기계, 화학, 첨단 기술 분야다. 미국, 중국, 일본에 이은 세계 4위 경제 대국이다. 물리적으로는 규모가 크나 이렇게 경제 구조나 전쟁 등 역사적 단절을 고려할 때 우리와 상당 부분 비슷한 면도 있다. 그러나 독일과 우리가 노선을 달리하게 된 것은 제2차 세계대전으로 황폐화한 환경을 재건하면서 환경 보호에 대한 관심이 높아진 1960년대 이후부터다. 1960년대 독일 사회의 권위주의적인 분위기에 저항한 격렬한 사회운동이 가라앉은 후 신사회운동이 시작되고, 대표적인 신사회운동인 환경운동도 적극적으로 전개되기 시작했다. 환경운동이 토대가 되어 녹색당이 결성 · 연방의회로 진출하면서 환경문제는 연방 차원의 정치적 이슈가 됐다. 기존 정당들도 환경문제를 다루게 된다. 이러한 토대 위에 설립된 연방환경부는 적극적으로 독일 환경정치를 이끄는 등 환경정치의 발전이 이루어졌다.

반면 1960년대 한국의 국내 상황은 심각한 권위주의적 분위기였다. 군사정권이 등장하면서 모든 사회운동은 군부독재 타도와 민주화운동에 집중됐다. 군사정부로 대변되는 비민주적 정치 상황은 한국 환경정치가 발전하지 못한 배경으로도 꼽히지만, 주요 사회개혁의 동력이 되는 집단기억의 부재도 한 원인이다. 독일 시민들의 환경 의식이 높아진 배경엔 체르노빌 사태 등으로 방사능 위험에 대한 공포가 자리잡고 있다.[54] 이에 반해 국내의 환경 이슈는 낙동강 페놀 유출 사건, 천성산 사건 등을 꼽을 수 있다. 그러나 지역적이며 생태적 이슈로 국가 시스템 개혁의 논의로 나아가지 못했으며, 전 국민이 유사한 감정적 경험을 했다고 보기에도 역부족이다. 환경시민은 공공재의 환가성의 원천이며, 낮은 사회적 저항으로 균형 가격을 설정하게 하며, 제도를 변화시키는 기반이다. 그러나 우리 국민들은 그동안 먹고사는 문제에 많이 애써왔다. 한강의 기적이라 불릴 만큼 성장과 개발주의적 사고의 뿌리가 깊을 수밖에 없는 개발국의 애환이다. 대부분의 환경사회학 전문가들이 우리나라의 환경운동과 환경정치가 발전하지 못한 주요 원인 중 하나로 '경제 성장'이라는 이데올로기가 공고한 데서 한 원인을 찾는다. 단기간에 이룩한 고속 성장에 대한 환상은 경제 발전을 위해서라면 다른 모든 것을 희생할 수 있으며 희생해야 한다는 인식을 잠재적으로 형성시켰다. 환경은 후순위였다.

54) 존 캠프너, 《독일은 왜 잘하는가 : 성숙하고 부강한 나라의 비밀》, 박세연 옮김, 열린책들, 2022, 369p.

이와 달리 환경규제를 선도하는 미국과 유럽 등 선진국에선 1960년대부터 고도의 산업화와 경제 성장으로 심각한 환경문제가 야기되기 시작하면서 환경운동이 본격화됐다. 1962년 출간된 레이첼 카슨의 《침묵의 봄》은 폭발적 사회적 환경운동을 촉발시킨 자극제가 됐다. 그리고 1968년 개럿 하딘의 『공유지의 비극』까지 뒤이어 발간되면서 지구적 환경문제에 대한 세계적 관심이 고조됐다. 그러나 이 기간 한국의 시민운동은 정치경제적 불평등의 관점에서 민주화운동을 중심으로 시작됐다. 국내 환경운동은 노동, 학생, 민주화, 여성, 농민운동 등의 여타 사회운동에 비해 가장 최근에 등장했으며, 전 국민적 생활과 밀접한 운동은 1980년대 후반 이후, 전 지구적 환경운동과 전국적 환경운동으로의 확산은 1990년대 초부터 나타났다.[55] 경제 개발과 거리를 두는 과거 환경운동의 기조가 이어지면서 성장이냐 환경이냐를 택일하도록 하는 이데올로기에 기대어 있다는 비판에도 직면해 있다. 환경과 경제를 접목하는 새로운 경제 패러다임으로의 모델에 대한 대안 제시가 주요국에 비해 부족하다는 점도 한계로 꼽힌다. 이런 이유 등으로 우리나라의 환경운동은 성장제일주의 가치관과 무임승차 의식 등으로 대중으로의 침투가 낮다.

이에 한국 환경법 역시도 정부 주도로 추진된 '위로부터

---

55) 정현석, 『한국사회와 사회운동으로서의 환경운동』, 일본어문학 25권 25호, 일본어문학회, 2004, 501-522p.

의 개혁'의 전형적 사례였다. 이는 환경입법이 지방자치단체의 주민운동을 배경으로 진행된 일본이나 국민의 환경의식과 환경운동을 배경으로 의회 주도로 '국가환경정책법National Environmental Policy Act 1969: NEPA' 등이 전개된 미국의 경우와도 대비된다.[56] 우리나라의 환경법 집행 행정기관인 '환경청'은 1980년대에서야 발족한다. 이후 환경청은 김영삼 정부에서 독자적 부령 제정권을 가진 환경부로 승격했지만, 환경정책을 조정·총괄하는 기능 면에서는 과거 국무총리 중심에 비해 위축된다.[57] 우리나라의 환경정책은 환경부 중심으로 이뤄지고, 환경공단과 한국환경정책연구원 등 산하기관은 환경부의 하위 조직이 환경부를 보좌하는 성격이 짙다. 과학적 근거가 중요한 환경정책을 일부 행정가들이 위탁용역 보고서를 참고해 이해관계자 몇몇과 전문가 토론회 등을 거쳐 만들어 내는데, 위탁용역 보고서는 입찰경쟁 시스템이다. 연구 성과가 부족한 업체들이 선정되면서 전문성이 떨어지는 경우도 수두룩하다는 것이 이 업계 관계자의 전언이다. 여기에 형식적으로 시민 단체 몇몇을 들러리로 세워 형식적 공청회를 거치면서 커다란 지역적 영향을 미치는 환경적 결정마저 밀실에서 해결해 왔다. 이런 비판은 여전히 유효하다. 2년마다 부처가 바뀌는 공무원들은 현안 해결에 급급하고, 환경부는 소관법률이 가장 단기간 급증한 데다 부처 위상도 낮다. 장기적 안목에서 환경정책을 추진하지

56) 홍준형, 《환경법 입문》, 도서출판 오래, 2023, 5p
57) 홍준형, 《환경법 입문》, 도서출판 오래, 2023, 9p

못한다. 행정 편의주의적 발상으로 탁상행정에 그친다는 비판에도 직면할 수밖에 없다. 고형폐기물SRF, 생분해 플라스틱 비닐봉투, 일회용품 사용 금지 유예 사례 등에서 보듯 정책이 손바닥 뒤집히듯 뒤집히면서 산업계에 막대한 피해를 주는 사례도 발생한다.

그에 반해 독일은 환경정책의 두뇌인 독일 연방청UBA이 실증적 정책 수단의 효과성에 대한 연구를 실행하고, 입법과 규정을 마련한다.[58] 나아가 관련 통계를 생산하며, 정책 목표 이행 수준 달성 여부를 끊임없이 추적해 평가 보고서를 작성 공개한다. 환경행정을 총괄하는 독일 연방환경부BMU와 별개로 환경정책 연구·수립·점검 전담기구가 존재하면서 독일의 환경정책은 기업의 혁신을 유도할 만큼 강력하고 지속력 있게 앞으로 나아간다. 독일 연방청UBA은 연방 환경자연보호원자력안전부BMU 설립에 앞서 1974년 설치됐다.[59] 당시 독일은 환경정보 및 문서화 시스템을 구축하고, 독일의 대기 오염, 소음, 진동 및 방사선에 대한 보호를 개선하기 위해 연방환경보호법BImSchG이 발효됐다.[60] 물, 토지, 화학오염, 소음, 방사선, 대기오염에 대한 정보 생산 및 과학 논문 발표, 실질적 조치에 대한 권고 등 독일 환경정책의 두뇌 역할을 하고 있다. 여기에 그치

58) 독일 환경청(UBA) 홈페이지(https://www.umweltbundesamt.de)
59) 독일 연방 환경부(BMUV) 홈페이지(https://www.bmuv.de/en/)
60) 독일 환경청(UBA) 홈페이지(https://www.umweltbundesamt.de)

지 않는다. 환경 지침을 개발해 국제사회와 교류하며 룰Rule 세터와 감시자의 역할을 동시에 수행하고 있다.

이 같은 독일의 일관적 환경정책의 이행 기반은 시민들의 환경에 대한 높은 관심이 자리하는데, 오히려 국민이 더 정책을 강력하게 요구한다. 1986년 체르노빌 원자로 사고로 라인강에 30톤의 독성 오염물질이 유입되면서 반경 100km에 걸쳐 모든 물고기와 작은 동물들이 떼죽음을 당했다. 독일 시민들의 환경에 대한 높은 관심은 핵발전에 대한 공포, 주요 역사적 배경 때문이라는 분석이 지배적이다.[61] 그 해 독일 연방 환경자연보호원자력안전부BMU 설립됐고, 독일 국민들의 90% 이상이 신재생에너지를 지지한다. 독일 시민들은 한 명 한 명이 감시카메라처럼 환경 부문에 대한 감시를 소홀하지 않는다. 재활용 폐기물을 잘못 버리기라도 하면 어딘가에서 독일의 할머니들이 출동한다는 우스갯소리는 이런 독일 시민성을 드러낸다.

시민들의 분리배출로 해결? 코웃음 친 독일 관료

독일 작센 안할트주 데사우Dessau에 위치한 독일 연방환경청Umweltbundesamt·UBA 본청을 찾아 게르하르트 코치크Gerhard Kotschik(사진) UBA 플라스틱 및 포장 부문 담당을 만났다. UBA

61) 존 캠트너, 《독일은 왜 잘하는가 : 성숙하고 부강한 나라의 비밀》, 박세연 옮김, 열린책들, 2022, 369p.

입구에서 우리를 맞이한 그는 한 회의실로 우리를 안내했다. 그러더니 가방에서 온갖 재사용 가능 유리병과 플라스틱병을 꺼내기 시작했다. 인터뷰를 본격적으로 시작하기에 앞서 재사용 용기에 대해 한참이나 강의 아닌 강의를 들었다. 묻지도 않았으나 플라스틱 용기를 재사용하는 독일의 시스템을 30분 이상 얘기하고, 플라스틱 용기를 두껍게 만들어 수십 번 재사용하는 것이 독일의 궁극적 목표라고 했다. 인터뷰하기 까다롭기로 최고라는 독일의 관료가 흔쾌히 인터뷰를 승낙한 이유를 알 것 같았다. 한국에서 온 기자와 관료(환경부 독일 주재원)를 제대로 교육시키고 싶다는 의지가 느껴질 정도였다. 실제로 그는 "환경문제는 한 나라만 열심히 한다고 되는 게 아니다. 한국에서도 공통된 문제 의식을 갖고 함께 해결해 나갔으면 좋겠다"고 전했다.

게르하르트 코치크(Gerhard Kotschik) 독일 연방환경청 플라스틱 및 포장 부문 담당자. 그리고 그의 백팩에서 나온 재사용 가능한 용기들.

그를 만날 때만 하더라도 분리배출을 잘하는 한국에서 왔다는 자부심에 질세라 우리도 훈수를 둬봤다. 독일 가정집을 방문해 보니 분리배출이 형편없었던 만큼 한국처럼 독일 시민들에게 우리처럼 분리배출을 좀 세분화하도록 의무를 부가하는 게 어떻겠냐고 말이다. 그러나 그는 대번 코웃음을 쳤다. "시민들에게 쓰레기를 버릴 때 하나하나 구분해서 버리라고 시키라고요? 아마 제대로 하는 사람들도 있겠지만, 그렇지 않은 사람도 많을 겁니다. 시민들보다 분리는 자동화된 기계가 훨씬 잘 합니다. 기계가 재질별로 분리하죠."

독일의 1인당 폐플라스틱 발생량은 우리나라의 3분의 1에 불과하다(53쪽 표 참고). 인구 8,300만 명, 세계 경제 순위 4위인 독일의 폐플라스틱 발생량은 628만 톤으로, 인구 5,200만 명, 세계 경제 순위 10위인 한국의 1,098만 톤보다 적다. 우리나라 국민들의 분리배출 의무는 독일에 비해 훨씬 강하고, 더 철저하다. 그런데 더 많은 플라스틱 쓰레기를 배출하고 있으며, 재활용은 덜 되고 있다. 즉 우리 시스템이 '비효율적'이란 이야기다.

쓰레기 분리배출에 국민들에게 부담을 지우는 우리나라와 달리 독일은 제품을 제조·판매·유통하는 기업이 폐기물에 대한 재활용 비용을 전적으로 부담한다. 기업의 규모에 따른 예외는 없다. 플라스틱 시대 쓰레기 홍수에 독일이 유독 선전하며 전 세계의 규제 패러다임을 선도하는 이유다. 바로 전 세계 최초로 독일이 도입한 생산자책임재활용제도EPR다. EPR 제도

| 독일 시민들은 종이, 병을 별도로 분리배출 하고 그 외 재활용 가능 폐기물은 모두 노란색 봉투에 넣는다.

는 제품의 최종생산자 및 유통업자, 수입업자 등에게 자신들이 생산 또는 수입한 제품이 폐기되어 발생한 폐기물의 일정량을 의무적으로 회수, 재활용하도록 강제하는 제도다. 우리나라도 2003년부터 EPR 제도를 시행하고 있으나, 생산자 부담 수준에 있어 큰 차이를 보인다. 생산자에게 재활용 의무량을 강화하면 생산자들은 포장재 부피를 줄이고, 재활용이 용이하도록 제품을 사전에 만들 것이라는 논리에 근거한다. 그런데 한국은 재활용 의무를 소비자와 생산자, 지방자치단체가 나누어 부담한다. 생산자는 수거의 책임은 없다. 선별과 재활용 비용만 부과한다. 이에 반해 독일은 수거, 선별, 재활용 전 과정이 모두 생산자 책임이다. 독일은 모든 생산자가 예외 없이 자신들

이 생산한 제품의 의무 재활용률을 달성해야 한다. 이로 인한 효과는 생산자의 처리비용 부담 수준의 차이다. 생산자들은 생산의 부산물인 폐기물의 부피와 무게를 줄이는 방안을 보다 열심히 고민한다. 독일 시민들은 종이, 병을 별도로 분리배출 하고 그 외 재활용 가능 폐기물은 모두 노란색 봉투에 넣는다. 재활용 불가능한 쓰레기를 합쳐 약 4가지 종류의 분리배출을 시행한다. 물론 이마저도 잘 지키지 않는 이들도 많다. 실제 독일 베를린에서 방문한 한 공동주택 뒤뜰엔 제대로 분리되지 않은 쓰레기들이 나뒹굴고 있었고 구더기도 꼬여 있었다. 분리배출은 확실히 우리나라 시민들이 월등하게 잘한다.

나아가 독일의 소비재 업체는 재활용을 고려한 제품을 만든다. 거대 폐기물 산업이 존재해 수거와 선별 과정에서 첨단 기술이 동원된다. 높은 재활용률과 관련 산업의 발달로 인한 경제적 부가가치가 창출된다. 실제 우리나라 재활용 설비의 대부분은 독일로부터 들여온다. 미국, 일본, 캐나다, 한국 등은 독일의 재활용 기술을 복제하기 바쁘다. 반면 독일의 EPR 제도 시행에 따른 소비자 부담은 최종 소비재 가격의 1%에 불과할 정도로 낮다. 이 원인은 환경 산업의 발달이다. 독일의 재활용 산업은 전 세계 관련 시장의 24%를 차지할 정도로 성장했다. 관련 기술 보유 수준은 EPR 제도를 도입하지 않은 국가의 190% 수준에 도달했다.[62] 경제적, 환경석으로 모두 후생이

62) OECD, 〈Global Plastics Outlook〉, 2022.06.

증가한 결과로 이어졌다. 높은 환경규제가 환경 산업과 환경적 효과까지 거두는 것은 선진국형 환경정책의 선순환 구조다.

실제 1990년에는 작은 폐기물 처리 회사에 불과했던 기업들이 효율적인 재활용 및 에너지 생성을 위해 고도로 전문화된 공급업체 및 전문가가 됐다. 독일 최대 규모의 쓰레기 처리 전문 기업 레몬디스가 대표적 예다. 전 세계 30개국에서 3만 3,000여 명의 인력을 고용하고 있으며, 2021년 115억 유로(한화 15조 8,000억원)의 매출액을 기록했다. 독일 뤼넨에서 유럽에서 가장 큰 재활용 센터를 운영하며, 자체 개발 기술을 통해 이 시설에서만 2,500만 톤의 자재를 다시 생산 단계로 돌려보내고 있다. 리페 공장에서만 연간 탄소 배출량을 50만 톤 절감, 레몬디스는 리페 공장과 유사한 공장과 시설을 전 세계적으로 500개 보유하고 있다.[63] 독일은 2016년 기준 친환경 에너지 생산, 에너지 효율, 자원 효율성, 지속가능한 모빌리티, 지속가능한 물 관리, 폐기물 관리 및 재활용 시장 등 환경 산업이 GDP(국내총생산)의 15%를 차지했다. 이 비율은 2025년까지 19%로 증가할 것으로 예상된다. 독일은 세계 경제 생산량의 3%를 차지하고 있지만, 2020년 기준 그린테크 시장 점유율은 전 세계의 14%에 달하기도 한다. 특히 폐기물 관리와 재활용 시장에서 독일은 글로벌 리더다. 2016년 독일의 폐기물 관리 및 재활용 시장은 약 200억 유로에 달했으며, 이는 전 세계

---

63) 레몬디스 홈페이지(https://www.remondis.com)

시장 규모의 16%를 차지한다.[64] 환경 산업 종사자는 건설업 종사자를 뛰어넘는다.[65]

생산자 부담 수준은 EPR 도입 국가 중 단연 높지만, 부담이 높지 않은 건 산업의 기술 효율화 덕이다. 코치크는 "EPR 시행 초기엔 수동으로 선별해 비용이 높았지만, 선별 자동화와 포장재 부피를 줄이며 비용을 낮춰 나갔다"고 말했다. 독일은 포장재의 부피를 1993년 기준 전년 대비 50만 톤이나 줄였고, 3년 새 플라스틱 재활용률은 4배 끌어올렸다. 당연히 소비자들의 부담도 낮을 수밖에 없다.

실제 대형마트에서 동일한 품목을 한국과 독일에서 구매했을 때 한국이 약 2배 비쌌다. 독일은 공산품과 공공서비스 물가가 높기로 유명하지만, 장바구니 물가가 저렴한 것으로도 잘 알려져 있다. 환경규제로 인해 소비자가 부담해야 할 비용이 늘어날 것이란 논리는 통하지 않는 것이다. 규제에 반응하도록 시장의 효율성이 작동되었기 때문이다.

환경 보호와 환경 산업의 성장은 궤를 같이한다. 독일의 플라스틱 재활용률은 거의 100%에 가깝게 달성됐다. 소비자들이 열심히 분리배출을 하는 우리나라의 플라스틱 재활용률은 독일의 40%에도 비치지 못하는 것과 비교하면 허탈한 결과다.

---

64) GTAI(Germany Trade & Investment), 〈Environmental Technologies in Germany〉, 2021.11.

65) KEITI(한국환경산업기술원), 〈환경산업 해외진출 촉진 중장기 추진전략 수립 최종보고서〉, 2018.12.

고령화로 인한 1~2인 가구 증가, 온라인 배송과 음식 포장의 증가 등으로 독일의 포장재 폐기물도 다시 증가 조짐을 보이고 있다고 한다. 이에 대한 대응은 규제 수준의 강화다. 독일은 2019년 포장재법VerpackG을 개정, 수입업체 및 온라인 및 우편 유통 기업까지 대상을 확대했다. 또 플라스틱 포장재 품목의 재활용 의무 비율은 2025년 50%, 2030년 55%로 단계적으로 상향된다. 독일 기업들은 이에 따라 2019년 대비 2025년까지 6.7% 포인트(p), 2030년까지 11.7% 포인트 더 끌어올려야 된다.[66] 문제는 이런 독일의 새로운 포장재 규제가 한국 수출기업 등에 무역장벽으로 작용하기 시작했다는 점이다. 그러나 코치크는 "우리는 그렇게 보지 않는다. 독일은 아무리 작은 기업이라도 자신이 판매하는 제품에 대한 재활용 의무를 진다"며 "수입업자도 새로 적용된 기준이 부담되진 않을 것"이라고 말했다. 유럽의 환경규제가 역외 사업자에게도 엄격히 적용되는 것에 반박의 논리가 부족하다. 다만 준비되지 않은 사업자들에게만 무역장벽이 될 뿐이다.

독일 유통 기업이 플라스틱을 줄이는 방법

독일은 아무리 번화한 곳이라도 밤 8시만 되면 상점의 불이 하나둘 꺼진다. 철학의 나라답게 밤은 한적하고 심심하

66) 해외환경통합정보시스템, 〈독일, 신 포장재법 개정〉, 2021.01.

다. 독일의 주재원에게 퇴근 후 독일 사람들은 대체 무얼 하는지 물었더니 "독일 사람들은 거의 매일 장을 보고 사람들과 어울려 간단히 음식을 해먹는다"고 했다. 거의 매일 장을 보니 냉장고 크기가 우리나라만큼 크지 않다. 소량으로 장을 보다 보니 대형 카트에 한가득 물건을 싣고 다니는 풍경은 찾아보기 힘들다. 독일의 대형마트는 우리나라의 편의점과 기능이 비슷해 보였다. 신선식품과 각종 생필품을 판매하는 것부

| 포장재가 간소화된 독일 대형마트의 신선 제품들 /저자 촬영

터 한 끼를 대체할 수 있는 먹거리도 팔았다. 독일에서 가장 활기가 느껴진 곳이다. 코로나19 방역이 풀리면서 2022년 10월 5년여 만에 유럽을 찾은 나는 독일에 도착해 가장 먼저 대형마트를 들렀다. 단절된 기간 유럽의 변화는 놀라웠다. 지속가능한 소비 실천을 돕는 생산자의 동조와 정부의 시스템 변화 속도가 너무 빠르게 다가왔다. 독일의 대형마트는 재활용률 부동의 세계 1위답게 플라스틱 포장재 감축의 문지기 역할을 톡톡히 하고 있었다. 줄이고, 재활용하고 다시 쓰는 이른바 '3RReduce·Recycle·Reuse'의 손길이 제조, 유통, 소비 과정 모두에 녹아 있었다. 눈을 가장 사로잡은 건 야채와 과일들이 진열된 신선제품 판매 공간이었다.

독일 대형마트의 신선제품은 대체로 무포장으로 구매가 가능하다. 종이 포장이나 끈을 이용해 포장 부피를 최소화한 신선제품도 많다. 오이 한 개, 포도 한 송이를 집어들었다. 여기에서 발생하는 포장재는 포도를 싼 얇은 종이팩이 전부였다. 한국은 비닐과 플라스틱 박스가 따라왔겠지만. 독일서 만난 이예나 코트라 프랑크프루트 무역관은 "경영과 투자 분야에서 ESG 개념이 화제라면, 독일 소비시장에서는 '지속가능성'이 대표 키워드"라며 "친환경 · 유기농 · 착한 기업 등으로 이전에는 개별적으로 존재하던 가치소비 트렌드가 지속가능성을 중심으로 통합된 모습"이라고 말했다. 독일에서 지속가능성은 소비재 산업에서는 피할 수 없는 핵심 키워드로, 생산 · 유통 · 판매 과정에서 지속가능성이 명확히 드러날 필요가 있다고 지적한다.

분리배출을 철저하게 지키는 한국 국민들은 제품 구매 후 어쩔 수 없이 따라오는 겹겹의 플라스틱과 비닐류의 포장재에 무력감을 느낀다. 전 세계적으로 플라스틱 폐기물의 46%가 포장재로부터 발생하는 것으로 알려졌지만, 우리나라는 이 비율이 60% 이상으로 알려졌다. 즉 그만큼 생산 단계의 포장재 감축 노력이 더디다는 말이다. 실제 독일에서 산 제품들을 한국의 마트에서 똑같이 사봤다. 플라스틱 포장재 발생량의 차이를 비교해 봤더니 5개 품목(오이, 포도, 생수, 빵, 인스턴트 커피)에서 발생하는 플라스틱 폐기물은 독일이 2개, 한국이 6개였다. 우리나라에선 커피 포장재에 따라오는 빨대와 리드(마개)가 더해지면서 구매한 물품 개수보다 플라스틱 쓰레기 수가

한국(오른쪽)과 독일(왼쪽)의 대형마트에서 동일한 5개 품목(오이, 포도, 생수, 빵, 인스턴트 커피)을 구매한 후 발생한 폐기물이다. 최대한 포장재가 간편한 제품을 우선으로 골랐다. 플라스틱류 폐기물은 독일이 2개, 한국이 6개였다. 우리나라에선 커피 포장재에 따라오는 빨대와 뚜껑(마개)이 더해지면서 구매한 물품 개수보다 플라스틱 쓰레기 수가 더 늘었다. 독일에선 구매한 빈 생수병을 반납하고 보증금 0.25유로를 돌려받았다. /저자 촬영

더 많았다.

독일의 마트 대부분 농산품이나 과일을 플라스틱 포장재에 담지 않고도 판매한다. 플라스틱 포장재에 담아가는 이들도 물론 있지만 환경을 생각하는 소비자들은 포장재가 없는 제품을 구매할 수 있다. 독일인들은 특히나 친환경적 포장재의 사용을 가장 중요시 여긴다.

생산자들은 지속가능 생산 양식을 창조해 내고 있다. 주요 유통업자이자 독일의 프랜차이즈 할인마트인 알디ALDI는 2019년 4월부터 유럽 전역의 매장에서 오이에 비닐을 씌우지 않고 팔기 시작했는데, 당시엔 반대도 많았으나 이제는 대부분의 마트가 적용하고 있다. 유럽 내에서 독일과 친환경 정책을 함께 주도하는 프랑스는 세계 최초로 올해 1월 1일 소매업체에서 30여 가지 과일과 채소를 플라스틱으로 포장해서 판매하는 것을 법적으로 금지하기도 했다. 그 외에도 독일 마트에서 판매하는

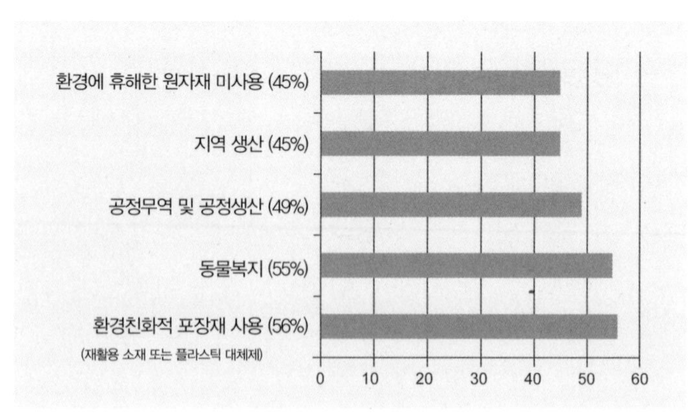

❙ 독일 소비자가 지속가능소비시 중요하게 생각하는 요소 자료: statista

커피나 요거트는 플라스틱 두께를 얇게 제조하는 대신 제품이 일그러지지 않도록 두꺼운 종이로 감싸서 판매했다. 빨대를 부착하거나 뚜껑(마개)은 덧씌우지 않는다. 육류를 포장할 때 쓰는 스티로폼은 찾을 수 없고 비닐로만 쌌다. 냉동식품은 비닐의 두께가 얇거나, 물 흡수를 방지하는 특수 종이로 포장재를 제조하고 판매하는 기업도 있다. 냉동 식품 기업인 프로스타Frosta다.[67]

프로스타는 기름과 습기에 강한 종이봉투 사용으로 플라스틱 봉투를 대체해 수용성 잉크로 인쇄, 폐지로 재활용 가능한 소재로 특허를 출원했다. (독일에서 만난 한국 냉동제품의 비닐 두께는 현지 제품들 사이에서 유독 두껍다.) 심지어 물건을 고정하는 플라스틱 코팅 철심마저 종이로 코팅한 것도 있었다.

특히 부러웠던 것은 대형마트마저 제로웨이스트를 추구할 만큼 생산자들의 참여도가 높았다는 점이다. 게으른 소비자에게 생산자들이 제공하는 제로웨이스트 경험은 소비자 교육에도 효과적일 것으로 보였다. 독일의 대형마트 체인인 조라ZORA는 제로웨이스트 판매 공간을 따로 두고 있고, 에데카EDEKA에서는 비건 섹션이 마련돼 있다. 대형마트의 제로웨이스트를 위한 공간은 게으르고 무늬만 환경주의자인 나 같은 모순적 인간에게도 한 줄기 빛 같이 느껴졌다. 대형 식품 유통업체인 에데카Edeka, 레베Rewe, 리들Lidl 등에서 점점 더 많은 제품을 재생

67) 코트라 해외경제정보, 〈독일 소비자를 사로잡는 키워드, 지속가능성〉, 2021.09.

포장재로 제공하고 있으며, 독일의 드럭스토어 DM에서도 리필 섹션이 설치되고 있다.

독일의 대형마트에서는 1유로(약 1,400원)의 보증금Pfand을 내면 유리병에 담긴 곡식을 살 수 있고, 야채나 과일은 쓰레기를 배출하지 않고 구매 가능했다. 독일에서는 제로웨이스트 산업도 빠르게 부상하고 있다. 특히 눈길을 끈 건 최근 대대적인 대중 광고를 펼치고 있는 알파카스Alpakas다. 식재료를 판매하는 온라인 배송업체로, 제로웨이스트를 추구한다. 제품을 대량으로 구입해 재사용 가능한 용기에 채워 배달한다. 알파카스 영업책임자는 "비포장 접근법은 오프라인 상점보다 온라인에서 더 효과적인 작용을 할 것"이라며 "온라인 시장 잠재력이 향후 500% 이상 커질 것으로 보고 있다"고 말했다.[68] 지역을 기반으로 한 중고 제품 무료 나눔 앱인 올리오OLIO는 유통 기한이 임박한 대형마트의 식재료를 저렴하게 판매하기도 한다. 정부 규제는 시장 규율을 작동시키는 데 주요한 기제였다.

규모가 작은 슈퍼마켓에서도 일회용 비닐 대신 다회용 장바구니나 종이백을 판매하고 있다. 독일의 다회용 장바구니는 매장의 특색을 살리는 가지각색의 디자인으로 되어 있어 보는 재미도 있다. 식기, 접시, 빨대, 면봉, 풍선 스틱, 뚜껑을 포함

68) 코트라 해외경제정보, 〈독일, 탈플라스틱 스타트업 급부상〉, 2022.05.

한 음료수 컵, 발포 폴리스티렌으로 만든 테이크아웃 식품 용기와 같은 일회용 플라스틱 제품은 더 이상 시장에 출시되지 않는다.

독일의 유명한 핸드크림을 사기 위해 한국인이라면 꼭 방문한다는 드럭스토어를 찾으면 세제나 화장품 용기에 재생 원료를 100% 사용한 제품을 흔하게 찾을 수 있다. 아직 우리나라에서는 PCR(사용 후 재활용) 재질의 용기에 담긴 화장품을 거의 찾기 힘들다. 독일의 재생 플라스틱 생산량은 2019년 200만 톤으로 연간 플라스틱 생산량의 약 13.7%가 재생 원료로 충당됐다.[69] 경제협력개발기구OECD가 같은 기간 집계한 재생 플라스틱 공급의 전 세계 평균 6%와 비교해 2배 이상 높다.[70] 반면 환경부가 지난 2022년 10월 발표한 '전 주기 탈플라스틱 대책'에 따르면 우리나라는 2020년 기준 0.2% 수준이다.

특히 거울이 부착되어 있어 재활용이 거의 불가능한 색조 화장품 용기가 독일에서는 단일 플라스틱 재질로만 용기를 만든 제품들이 수두룩했다. 하지만 샤넬, 디올 등 명품 화장품 브랜드나 우리나라 브랜드의 화장품 제품들의 용기는 이런 재활용 용이성과는 거리가 멀었다. 명품 화장품 브랜드의 경우, 브

69) Conversio Market&Strategy, 〈Material Flow Picture Plastics in Germany 2019〉, 2020.08.
70) OECD, 〈Global Plastics Outlook〉, 2022.06.

| 독일의 유명 대형마트 한편에는 제로웨이스트 전용 샵이 있어서 용기를 가져가면 곡식이나 세제 등을 소분해 담아갈 수 있다.

| 요거트 용기 포장재는 플라스틱의 사용량을 줄이기 위해 플라스틱의 두께를 줄인 대신 두꺼운 종이로 겉면을 이중포장해 제품을 보호한다.

| 플라스틱에 거울 등이 부착된 복합 재질의 화장품 용기는 대부분이 분해가 어려워 재활용할 수 없다. 독일의 유명 드럭스토어에서 판매되는 팩트에는 거울이 달려 있지 않다.

랜드 이미지나 가격 탄력성이 높은 일반 소비 제품에 비해 판매에 미치는 영향이 크지 않은 점이 원인으로 꼽힌다.

독일에 화장품을 수출하는 기업들의 경우 플라스틱 사용의 감소를 지향하고 있다. 니베아는 2025년까지 2019년 대비 제품 포장의 화석연료 사용 50% 감축, 전체 플라스틱 용기 중 30%를 재사용 가능 플라스틱으로 대체할 예정이라고 발표했다. 영국-네덜란드계 기업인 유니레버 역시 2025년까지 플라스틱 용기 사용을 절반으로 줄일 예정이다.[71]

71) 코트라 해외경제정보, 〈독일, 탈플라스틱 스타트업 급부상〉, 2022.05.

왜 순환경제인가

산업혁명 이전엔 폐기물 관리라고 할 만한 것이 없었다. 인류는 자연에서 물건을 찾아 연마해 다듬어 쓰고, 고쳐 쓰고, 다시 썼다. 기술의 문제로 자원의 채취가 제한적이었던 시절엔 재활용과 재사용은 당연했다. 남은 음식은 가축 먹이로 주거나 모아서 퇴비로 활용했다. 폐기물은 인구와 부의 증가 속도가 기하급수적인 속도로 팽창하면서 도시 폐기물 관리 문제를 중심으로 사회적 문제로 대두하기 시작했다. 불과 100년 안팎의 짧은 역사다. 이는 기술의 진보에 따른 부의 축적으로 인류가 기하급수적으로 팽창했기 때문이다. 1800년 말 10억 명의 전 세계 인구가 10억 명이 추가된 두 배에 도달하기까지는 130년이 걸렸지만, 20억 명에서 30억 명에 도달하기까지는 30년밖에 걸리지 않았다. 100년을 단축했다. 40억 명은 15년, 50억 명은 12년 만에 도달할 정도로 인구증가 속도는 가팔랐다. 반면 46억 년에 달하는 지구라는 행성의 역사에서 현생 인류인 호모 사피엔스 사피엔스는 고작 4~5만 년을 누렸을 뿐이다. 특히 산업혁명 이후 인류는 고작 50년 만에 전 세계 야생동물의 3분의 2를 멸종시키는 데 핵심적 역할을 한 것으로 알려지고 있다. 인류는 앞으로 더 팽창할 전망이다. 대한민국의 인구는 줄어들고 있지만, 전 세계 인구는 중산층이 증가하면서 꾸준히 늘어날 것으로 전망된다. 2050년엔 100억 명 수준에 달할 것이란 예측이다.

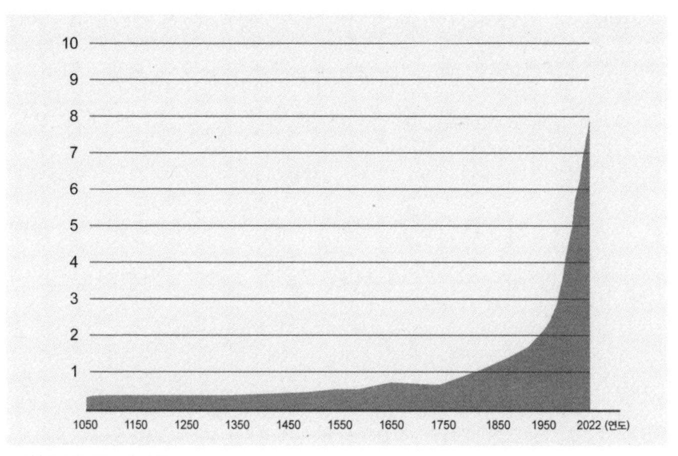

▎세계 인구(10억 명) 출처: Estimated / United Nations

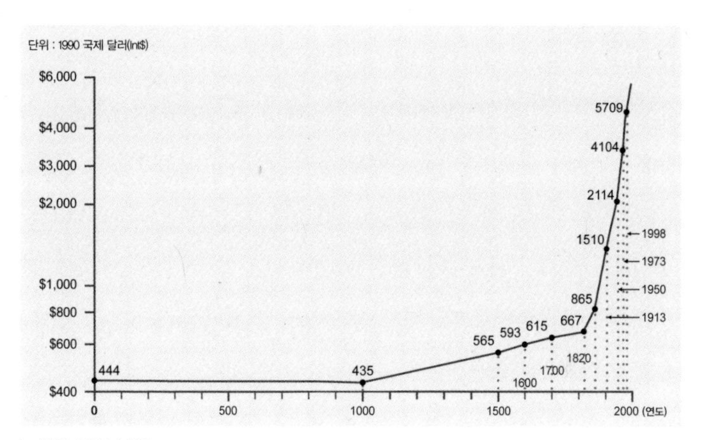

▎세계 GDP 성장 출처: The World Economy: A millennial perspective, Angus Maddson, 264P

소유와 축적을 기반으로 하는 선형경제는 지구가 허용하기 힘든 자원의 사용과 폐기물의 포화로 이어지고 있다. 특히 플라스틱은 환경에 '누적'된다. 이미 50년 이상 자연환경에 유출되어 환경적 처리를 거치지 못한 플라스틱에 더해 앞으로 발생할 예측량까지 고려하면 기존의 선형경제 방식에서 처리를 담당해 왔던 폐기물 산업의 처리 용량을 뛰어넘을 수밖에 없다.

아니, 이미 벌어지고 있는 일이다. 무엇보다 그 어떤 전문가들도 천연자원의 고갈 시기를 장담하지 못하고 있다. 천연자원 기반의 기업들은 자원 고갈에 따른 가격 상승 위험에 대비하지 않으면 재앙적 수준의 위기가 닥칠 것이 자명하다.

액센추어 분석에 따르면 21세기에 진입하면서 그간 경제성장으로 인한 효율성 증대로 40년간 하락해 오던 자원 가격이 상승 반전하는 대전환이 일어났다. 성장으로 인한 인구 증가와 중산층의 증대로 인해 자원 수요가 가파르게 늘면서다. 이런 21세기 초 경제 패러다임을 '소비의 시대'라 명명하기도 한다. 경제가 지속 성장함에 따라 인구 증가와 맞물려 더욱 중산층은 확대되고 이 같은 격차는 더욱 가속화될 것이란 어두운 전망이다.[72] 실제 1993년~2022년 산업 투입재 가격지수Commodity Industrial Inputs Price Index의 연평균 상승률을 보면 1993~2000년 0.8%에서 2000년대 이후로는 4.8%로 크게 올랐다. 소비자 가격으로의 전가가 원활하지 않는 천연자원 기반 생산업자들에겐 재앙과 같은 현실이 닥칠 수 있다는 경고가 나오는 이유다. 전문가들은 석유, 구리, 코발트, 리튬, 은, 납, 주석 등과 같은 핵심 자원이 50~100년 내에 고갈될 것으로 예상하고 있으나, 자원 추정량 예측치는 매우 불확실하다.

---

72) 피터 레이시·제이콥 뤼비스트, 《순환경제 시대가 온다》, 최경남 옮김, 전략시티, 2017, 48p.

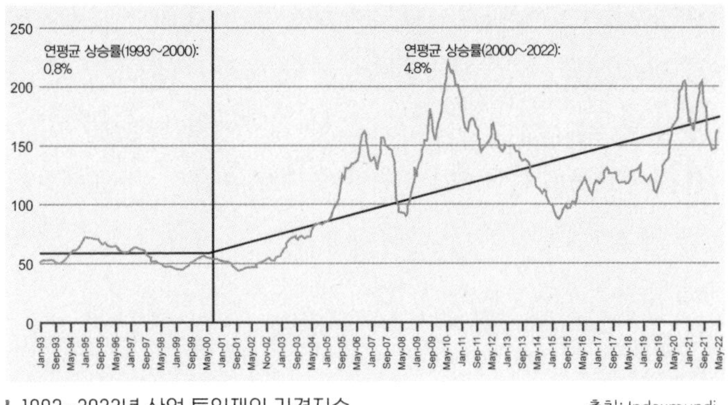

1993~2022년 산업 투입재의 가격지수 출처: Indexmundi

이에 액센추어는 현재 개발 속도로 선형경제가 유지될 경우 2050년까지 우리가 매년 필요로 하는 자원은 지구 3개분에 달할 것이며, 자원 부족을 해결하기 위해서는 자원 생산성 확대에서 나아가 재생 가능한 자원의 생산 능력을 유지하는 순환경제로의 전환이 향후 250년의 경제계를 지배할 것이란 전망을 내놓기도 했다.[73] 특히 플라스틱 순환경제는 오염의 수준을 빠르게 줄이기 위한 전 지구적 노력을 통해 그 이행 시기가 점차 가팔라질 전망이다. 지난 2022년 3월 2일 케냐 나이로비에서 제5차 유엔환경총회UNEA-5에 참석한 175개국이 플라스틱 오염을 종식하기 위해 2024년까지 법적 구속력이 있는 협정Agreement를 맺겠다는 결의안에 합의했다. 여기엔 대한민국도 포함된다. 그동안 해양 쓰레기 문제와 생태계 다양성 논의에서

73) 피터 레이시·제이콥 뤼비스트, 《순환경제 시대가 온다》, 최경남 옮김, 전략시티, 2017, 20p.

부차적으로 다뤄졌던 문제의 플라스틱이라는 물질이 전 국가적으로 해결해야 할 주요 골칫거리로 떠올랐기 때문이다. 이 협정은 지구 온도를 산업혁명 이후 1.5도 이내로 제한하기로 한 '파리기후변화협정' 이후 가장 강력한 국제협약이 될 것이란 평가를 받고 있다. 이 가운데 순환경제는 플라스틱 협정의 주요 정책 수단으로 거론된다.

무엇보다 순환경제는 탄소 넷제로 실현으로의 필수 경로다. 자원 효율화에 나아가 생산 공정 관리까지 나아간 순환경제의 도입을 검토하는 것으로 2050 탄소중립을 수월하게 이행할 수 있는 핵심 단서들이 널려 있다. 글로벌 컨설팅 기관인 Material Economics에 따르면 순환경제 전략에 따른 온실가스 감축 효과는 중공업 부문의 탄소 배출량을 2050년까지 베이스라인 대비 56% 감축할 것으로 분석했다.[74] 베이스라인이란 아무것도 하지 않았을 때를 말한다. 이는 다시 말해 산업 부문 온실가스 배출량의 70%가 중공업 부문에서 나온다는 점을 감안할 때 순환경제를 무시한다면 탄소중립이 요원할 거라는 이야기다. 이와 대조적으로 전동화, 재생에너지 전환 등 공급 측면의 개선은 온실가스 감축 효과가 46%로 더 적다는 점에 우리는 주목할 필요가 있다. 이는 철강, 석유화학 등 중공업 부문이 소재 산업이란 점에서 보면 당연한 결과다. 천연자원을 기반으로

74) Material Economics, 〈The circular economy–A Powerful Force for Climate Mitigation〉, 2018.06.

소재를 생산하는 것보다 사용 후 제품에서 소재를 생산하는 것이 탄소 발생량을 획기적으로 줄일 수 있는 이유는 천연자원 채굴 과정에서 어마어마한 탄소를 배출하고 폐기물을 발생시키기 때문이다. 자원 추출에서 폐기에 이르기까지 전체 수명 주기에 걸쳐 제품의 환경영향을 측정하는 방법인 '생태배낭Ecological Rucksack(자연에서 이동한 재료의 총량에서 제품의 실제 무게를 뺀 값)'을 계산해 보면 1kg의 철을 생산하는 데 13kg의 폐기물이 나오고, 1kg의 구리를 생산하는 데는 419kg의 폐기물이 발생한다.[75]

Material Economics는 유럽연합EU의 그린딜에서 순환경제 전략을 채택한 경우를 기준으로 이 같은 연구보고서를 내놨다. EU는 2015년 지속가능성장 정책 프레임인 '그린딜Green Deal'에서 순환경제를 주요 전략으로 채택했다. EU의 그린딜의 목표는 ▲2050년까지 온실가스 순배출 제로 ▲자원 사용과 경제 성장의 디커플링을 추구한다.[76] EU 집행위원회는 순환경제로의 전환은 천연 자원에 대한 압박을 줄이고 지속가능한 성장과 일자리를 창출할 것이라고 기대하고 있다. 나아가 EU는 2015년에 이어 2020년 3월 새로운 순환경제 행동계획CEAP를 채택했다.[77] 중화학공업 중심의 산업 구조를 지닌 우리나라에 시사하는 바가 적지 않다.

75) Von Weizsäcker, Ernst · Amory B. Lovins · L. Hunter Lovins, 《Factor Four – Doubling Wealth, Halving Resource Use: The New Report to the Club of Rome》, Energy exploration&exploitation 15.6. , 1997, pp.516-516.
76) European Commission 홈페이지(https://commission.europa.eu). — '그린딜'로 검색.
77) European Commission 홈페이지(https://commission.europa.eu)—'Circular economy action plan'으로 검색.

파리협정에서 각국의 온실가스 감축 목표를 UN에 제시하도록 하면서 우리나라도 2030년 국가온실가스감축목표NDC를 내놨다. 2018년 대비 40% 감축하겠다는 목표다. 매우 도전적 목표라는데 이견이 없다. 특히 2030 NDC의 뜨거운 감자인 산업 부문은 2018년 제시한 목표 대비 11.4%를 줄이도록 목표치를 낮추면서 논란이 됐다.[78] 산업 부문은 전환 부문(에너지)만큼 탄소배출에 많은 비중을 차지한다. 사회경제적 파급효과는 물론 기술적으로도 가장 어려운 도전 과제를 안고 있는 부문이다. 이에 윤석열 정부에서 산업계 목표치를 낮췄는데, 이는 미래 세대로 이연시키는 데 불과하다는 비판이 나왔다. 실제 우리 세대가 2030년까지 연 1%씩 줄인다면, 그 이후 20년은 연 7%씩 줄여야 탄소중립 달성이 가능할 것으로 추산된다. 무엇보다 수소환원제철과 바이오 기반 석유화학 제품 생산을 위한 기술적, 현실적 한계를 고려하면 2030년까지 연 1%씩 줄이는 것도 쉽지 않아 보인다.

그런데 현재 우리 사회에서 중화학 부문의 온실감축 논의가 집중되고 있는 전동화와 재생에너지 사용 등의 방안은 Material Economics가 46%의 탄소 감축 효과가 기대된다고 지적한 공급 측면의 해결 방안이란 점에 주목할 필요가 있다. 만일 순환경제를 보다 적극적으로 탄소중립 이행 전략의 하나로 채택했다면 산업 부문의 감축 목표를 보다 공격적으로 상

78) 이는 윤석열 정부가 들어서면서 종전 시나리오 대비 3.1%포인트 줄인 목표치다.

2030 NDC 로드맵

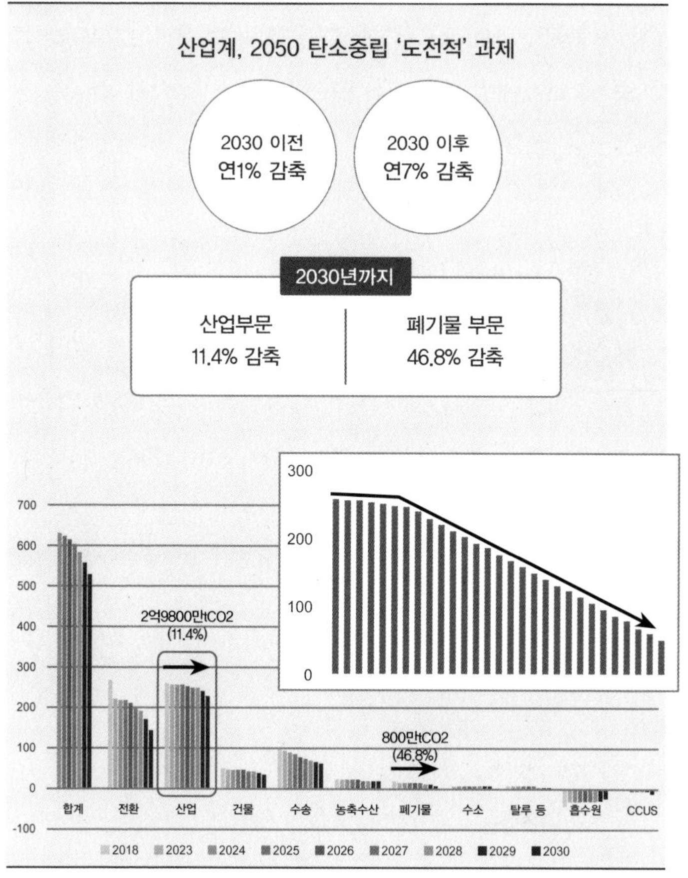

| 2030 부문별·연도별 온실가스 감축목표
출처: 제1차 탄소중립녹색성장기본계획(정부안) 저자 재가공

향하는 것도 가능할지 모른다. 탄소중립녹색성장 기본계획에서 '순환경제'라는 용어는 약 20페이지에 달하는 공청회 자료에서 단 한 번만 언급됐을 정도로 간과하고 있는 부분이며, 순환경제를 통해 중화학 공업의 온실가스 감축 부담을 줄이는 것은

현재도 적용 가능한 기술이란 점에서 그러하다. 앞서 기술했듯 순환경제라는 수요 관리를 통해 중공업에서 56%의 온실을 줄일 수 있으며, 이는 재료 재순환(재활용과 재사용) 60%, 과잉 사용 줄이기 20%, 순환경제 비즈니스 모델 도입 20%를 통해 가능하다.

대한민국의 탄소중립 이행 과정에서 재료 재순환과 과잉 사용 줄이기를 담당하고 있는 부분인 '폐기물' 부문은 어떨까. 폐기물 부문에서는 2030년까지 2018년 대비 46.8%를 감축해야 하는데, 이 목표치는 현재 폭증하고 있는 플라스틱 폐기물의 발생량을 고려할 때 산업 부문만큼 도전적 과제이긴 마찬가지다.[79] 2022년 국가온실가스배출량(잠정)은 6억 5,450만 톤으

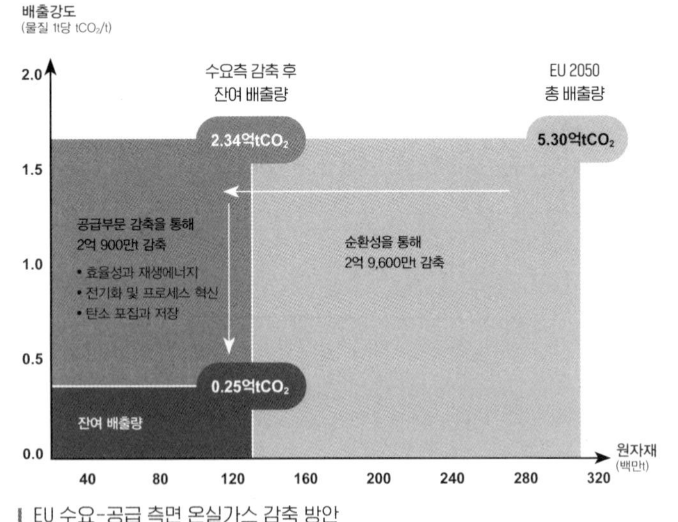

| EU 수요-공급 측면 온실가스 감축 방안
출처: Material Economics, The circular economy-A Powerful Force for Climate Mitigation, 2018

로 2018년 대비 9.97% 감축한 데 반해 폐기물 부문은 8.04%를 줄이는 데 그쳤다.[80] 폐기물 부문은 온실가스 발생에서 차지하는 비중이 약 2%로 높지 않다. 그러나 폐기물을 다시 자원으로 사용했을 때 업스트림에서 발생할 온실가스 감축은 위의 연구에서 보듯 어마어마한 양이다. 전체 산업 온실가스 배출량의 70%를 차지하는 중공업 부문에서 순환경제를 달성한다면 폐기물의 순환성을 높이고, 이는 폐기물 부문의 감축 부담도 낮출 수 있다. 만일 순환경제 전략을 우리가 적극 받아들였다면 폐기물 부문의 부담을 상당 부분 산업 부문이 제품의 재디자인과 공정 관리를 통해 줄일 수 있지 않을까 하는 아쉬움이 남는다. 국가 온실가스 감축을 위해서도 보다 순환경제의 도입에 대한 적극적 논의가 필요하다.

그렇다면 순환경제란 구체적으로 어떻게 구현이 가능할까. 누군가는 순환경제가 재활용, 자원순환과 뭐가 다르냐고 반문하기도 한다. 순환경제가 폐플라스틱을 화학적으로 처리해 석유를 다시 짜내고, 폐가전에서 금, 팔라듐, 콜탄 등 희귀금속을 추출해 재사용하는 것을 일컬을 때 주로 쓰이는 만큼, 재활용의 개념과 크게 다르지 않아 보이기 때문이다. 그러나 천연자원을 다시 추출하는 것은 순환경제의 일부일 뿐이다. 버려진

79) 탄소중립녹색성장위원회, '탄소중립녹색성장기본계획(안)', 2023.03.
80) 폐기물 발생량은 늘었음에도 탄소배출량이 줄어든 것은 폐기물 관리제도 강화에 따라 누적된 매립량이 감소한 영향으로 탄녹위는 분석했다. — 탄소중립녹색성장위원회, '2022년도 탄소중립 녹색성장 이행점검 결과', 2023.12.

것에서 천연자원을 추출하는 것에 방점이 찍힌 단편적 정의는 순환경제를 제대로 보지 못하게 하는, 우리에게 익숙한 선형경제식 DNA에서 나온 발상이다. 순환경제는 '생산-소비-폐기'의 선형Linear적 흐름이 아닌 경제계에 투입된 물질이 폐기되지 않고 유용한 자원으로 반복 사용되는 시스템을 말한다. 순환경제를 이처럼 하나의 경제 패러다임으로 보는 시각에서는 '폐기물'이란 개념 자체가 사라질 수 있다고 주장하기도 한다. 순환경제에서는 더 이상 폐기물이 아니라 원재료가 된다는 점 때문이다. 나아가 자원순환이 제품의 사용 이후인 폐기물의 '처리'에 방점이 찍혔다면 순환경제는 폐기물 산업 외에 모든 생산 및 소비 단계에서도 순환성을 고려하도록 경제 시스템 전반을 개선하는 것을 요구한다. 이에 순환경제를 하나의 체제Regime로, 농경제와 산업화를 구분 짓는 생산 수단의 급격한 변화만큼 거대하고 본질적 새로운 경제 체제로 규정하며 '순환경제 시대'로 명명하기도 한다.

플라스틱 문제에서 순환경제가 주목받는 이유는 제품 생산 과정에서 폐기물을 원료로 투입함으로써 폐기물 문제를 극복할 수 있단 점이 꼽힌다. 이에 그치지 않고 플라스틱 순환경제는 제품을 오래 사용할 수 있는 모든 비즈니스 모델과 서비스를 통칭한다. 부문별로는 재생원료 적용을 위한 전 과정과 수리나 부품 교체 등 통해 제품을 오래 사용할 수 있는 비즈니스 모델, 유휴 제품의 공유 서비스 등을 일컬으며, 업권은 대표적으로 플라스틱이 널리 사용되는 섬유 부문을 비롯해 자동차,

전기전자 제품 등 사실상 거의 모든 업권과 연관되어 있다.

순환경제란

글로벌 컨설팅사인 액센추어와 WEF(세계경제포럼)이 공동으로 작업한 저서 《순환경제 시대가 온다》에 따르면 순환경제라는 용어는 1990년 데이비드 피어스David Pearce와 케리 터너R. Kerry Turner의 저서 《천연자원과 환경의 경제학Economics of Natural Resources and the Environment》에서 처음 사용됐다. 재사용이나 재활용은 근본적 문제 해결이 될 수 없으며, 제품의 나쁜 디자인이 문제라는 지적을 제기한 저서인 《요람에서 요람으로[81)]》가 세계적 반향을 일으킨 이후 순환경제 논의는 급물살을 타기 시작했다. 이후 여러 학파의 사고를 순환경제라는 틀로 통합시키는 데 기여한 엘렌 맥아더 재단을 비롯해, 유엔UN을 비롯한 국제기구의 순환경제에 대한 지지를 기반으로 21세기 순환경제 개념은 널리 확대되기에 이르렀다. 국내에서도 친환경 경제 체제의 하나로 정의하면서 순환경제를 자원순환 개념에서 보다 포괄적으로 확대하려는 움직임이 나타난다. 삼일PwC경영연구원은 "자원의 효율적 사용에 초점을 두고 신규로 투입될 천연자원의 양과 폐기되는 물질의 양을 최소화하는 것과 경제계 내

---

81) 제품의 전과정 처리를 제품의 이용목적과 특성에 따라 ①생산에서 출하까지(Factory to gate) ②요람에서 무덤까지(Cradle to grave) ③요람에서 요람까지(Cradle to cradle) 등 크게 3가지로 분류한다. — 윌리엄 맥도너·미하엘 브라운가르트 지음, 《요람에서 요람으로(Cradle to Cradle)》, 김은령 옮김, 에코리브르, 2003.

에서 순환되는 물질의 양을 극대화시키는 경제 체제"라고 규정했다.[82] 또 2022년 말 국회에서 통과된 '순환경제사회 전환 촉진법(이하 순환경제촉진법)'에서는 "제품의 지속가능성을 높이고 버려지는 자원의 순환망을 구축해 투입되는 자원과 에너지를 최소화하는 친환경 경제 체제"로 명명했다. 이 법은 2018년 1월 시행된 '자원순환기본법' 전부개정안이다. 전부개정은 법령을 전면적으로 개편하는 방식이지만, 기존 법을 폐지·제정함으로써 기존 법령을 대체하는 것과 달리 기존 법령과 제도상 동질성을 강조할 때 쓰는 방식이다.

제품의 사용에 초점을 둔 논의에 한발 더 나아가 '서비스'로 순환경제를 확대하는 시각에서는 에어비앤비, 우버와 같은 공유경제도 하나의 순환경제 비즈니스 모델 중 하나로 본다. 폐기물의 정의를 버려진 제품에서 더 나아가 제품의 역량까지 확대하면서다. 자동차의 경우 사용 기간의 90%가 유휴 상태에 있는데, 이렇게 불필요하게 쉬고 있는 제품에서 부를 만들어 낸다는 점에서 공유경제 역시 순환경제의 대표적 예로 보는 것이다. 즉 순환경제를 버려진 자원을 재활용하는 데서 그치지 않으며, 폐기물을 부富로 전환하는 '서비스'까지 포함한다. 폐기물은 덜 쓴 자원이자 제품이고 자산이며, 모든 폐기물은 경제적 기회다. 이를 부로 전환하는 비즈니스 솔루션을 찾는 것이

82) 삼일회계법인, 〈순환경제로의 전환과 대응전략〉, 2022.04.

지속가능한 성장의 해법이다.[83]

즉 순환경제 비즈니스 모델이란 단순 재활용의 개념을 넘어 제품을 개조해 사용할 수 있도록 '제품 디자인'을 혁신하는 것에 나아가 공유경제와 교환을 용이하게 하는 서비스의 발달 등 새롭게 창출되고 있는 경제 모델을 통칭하는 개념이다. 예컨대 생산 후 폐기될 때까지 전 생애 주기가 30분에 불과한 전동드릴 제조사가 제품을 생산하는 것에 나아가 수리와 공유 서비스 기업으로 탈바꿈하는 것이다. '자원' 사용을 통한 성장이 아니라 '성능'의 사용을 통한 성장이다.

83) 피터 레이시·제이콥 뤼비스트, 《순환경제 시대가 온다》, 최경남 옮김, 전략시티, 2017, 20~23p.

(2장)

부의 전환에 뛰어든 기업들

순환경제 시대의 부(富)의 기반은 '소유'가 아닌 '연결'이다. 천연자원의 채취와 가공, 사용, 폐기 등 기존의 선형경제에서 존재했던 각각의 밸류체인에서 '폐기'가 사라지는 탓이다. 다시 제품으로 탄생하기 위해 사용 후 제품이 가공 단계로 투입되는 '연결'의 고리가 새로운 산업으로 부상하고 있으며, 각 밸류체인의 생존 방식은 이에 맞춰 변화 중이다. 혁신을 통한 새로운 부가가치가 창출된다. 그리고 이 사슬의 최종 통제자는 바로 '소비자'란 점에서 새로운 소비 트렌드를 선도하며 지속가능한 수준의 발전을 하고, 솔루션을 제안하는 똑똑한 기업들이 나오고 있다.

소비재 기업

소비재 기업이 ESG 경영에서 환경과 관련한 최대 과제는 순환경제 달성이다. 동물성 재료를 사용했는지, 재생원료를 사용했는지, 폐기 이후 제품이 쉽게 퇴비화나 재활용이 되는 재료인지 잘 드러내야 한다. 구매 행위에 대해 죄책감을 자극하는 수많은 안티anti-컨슈머 담론에서 죄책감guilt을 덜어줄 길트프리guilt Free 제품의 핵심은 이처럼 '원재료'에 있다. 그러나 원재료를 바꾼다는 것은 결코 쉽지 않은 과제다. 그럼에도 이미 글로벌 거대 소비재 기업이 순환경제란 아이디어를 적극 받아들여 길트프리 기업으로, 길트프리 기업이 거대 기업으로 넘나들며 어떻게 소비자를 설득해 나가는지에 대해 분명한 메시지를 내고 있다. 친환경 브랜딩은 하수의 전략이다. 이들은 감히 소비자를 가르친다.

파타고니아, 지속가능성을 성장 전략으로

DON'T BUY THIS JACKET

It's Black Friday, the day in the year retail turns from red to black and starts to make real money. But Black Friday, and the culture of consumption it reflects, puts the economy of natural systems that support all life firmly in the red. We're now using the resources of one-and-a-half planets on our one and only planet.

Because Patagonia wants to be in business for a good long time – and leave a world inhabitable for our kids – we want to do the opposite of every other business today. We ask you to buy less and to reflect before you spend a dime on this jacket or anything else.

Environmental bankruptcy, as with corporate bankruptcy, can happen very slowly, then all of a sudden. This is what we face unless we slow down, then reverse the damage. We're running short on fresh water, topsoil, fisheries, wetlands – all our planet's natural systems and resources that support business, and life, including our own.

The environmental cost of everything we make is astonishing. Consider the R2® Jacket shown, one of our best sellers. To make it required 135 liters of water, enough to meet the daily needs (three glasses a day) of 45 people. Its journey from its origin as 60% recycled polyester to our Reno warehouse generated nearly 20 pounds of carbon dioxide, 24 times the weight of the finished product. This jacket left behind, on its way to Reno, two-thirds its weight in waste.

And this is a 60% recycled polyester jacket, knit and sewn to a high standard; it is exceptionally durable, so you won't have to replace it as often. And when it comes to the end of its useful life we'll take it back to recycle into a product of equal value. But, as is true of all the things we can make and you can buy, this jacket comes with an environmental cost higher than its price.

There is much to be done and plenty for us all to do. Don't buy what you don't need. Think twice before you buy anything. Go to patagonia.com/CommonThreads or scan the QR code below. Take the Common Threads Initiative pledge, and join us in the fifth "R," to reimagine a world where we take only what nature can replace.

COMMON THREADS INITIATIVE

REDUCE
WE make useful gear that lasts a long time
YOU don't buy what you don't need

REPAIR
WE help you repair your Patagonia gear
YOU pledge to fix what's broken

REUSE
WE help find a home for Patagonia gear you no longer need
YOU sell or pass it on*

RECYCLE
WE will take back your Patagonia gear that is worn out
YOU pledge to keep your stuff out of the landfill and incinerator

REIMAGINE
TOGETHER we reimagine a world where we take only what nature can replace

patagonia
patagonia.com

*If you sell your used Patagonia product on eBay® and take the Common Threads Initiative pledge, [illegible] your product on patagonia.com for no additional charge.

[illegible]

| Don't Buy This Jacket | Patagonia
출처: 파타고니아 홈페이지

2011년 블랙프라이데이, 뉴욕 타임즈에 게재되었던 파타고니아의 '이 재킷을 사지 마세요Don't buy this jacket'는 순환경제 시대가 어떻게 부富를 창출하는지 가장 잘 드러냈다는 점에서, 영원히 회자될 사회적 책임 마케팅 문구로 꼽힌다.

친환경 기업으로 이름난 파타고니아 이야기를 거슬러 올라가면, 파타고니아도 처음부터 뚜렷한 지향점을 가졌던 것은 아니었다. 1980년대 파타고니아가 가파른 인기를 얻은 배경은 기능성 직물인 신칠라의 성공 이후 파타고니아 상표가 유행의 하나로 자리매김한 이후다. 당시 패션 소비자들에게 확장해 가장 잘 팔리는 제품은 오히려 기능성이 가장 떨어지는 헐렁한 비치 반바지와 외피가 있는 봄버 스타일 재킷 같은 것들이었다. 창업자인 이본 쉬나드Yvon Chouinard는 자서전을 통해 "사업을 키우는 데 있어서는 전형적인 교과서적 관행을 사용하기도 했다. 제품의 수를 늘리고, 직영점을 열고, 새로운 해외 시장을 개척했다"고 회고하기도 했다.[84]

연간 30~40%의 매출 성장률을 기록했던 파타고니아가 본격적인 '환경 보호 전도사 기업'으로 변모한 것은 경기 위축으로 인한 매출 성장의 급감으로 위기를 맞은 1991년이다. 가파른 성장으로 확장시킨 사세는 나라 전체가 불황에 들어서자 감산을 감당하기 어려운 상태가 됐다. 당시 회사는 직원의 20%인 120명을 해고했다.

---

84) 이본 쉬나드, 《파타고니아 파도가 칠 때는 서핑을》, 이영래 옮김, 라이팅하우스, 2020.

가족과 지인들로 구성된 회사의 직원들을 자르면서 충격에 빠진 쉬나드는 사업을 지속해야 할 이유를 찾아 헤매기 시작했다. 그가 찾은 해법은 7세대 앞을 내다보는 이로쿼이Iroquois 인디언 방식이었다. 이로쿼이족은 의사결정 과정에 향후 7세대를 대표하는 사람을 포함시키고, 모든 결정에서 100년 앞을 내다보고 그때까지 유지할 수 있는 속도로만 성장한다고 한다. 즉 '감당할 수 있는 지속가능 성장'이다. 다른 기업들이 환경에의 책임과 지속가능성을 탐구할 본보기로 삼을 모델이 되는 것, 이본 쉬나드가 사업을 지속하는 원동력이다. 후에 그는 "성장을 지속가능한 속도로 제한한다. 지출은 신중하게 했고, 경영은 사려 깊은 사상과 생각을 기반으로 이루어졌다"고 말했다.

잘 나가는 사업이 위기를 맞자 경영의 이유를 뒤늦게 정립하기 시작한 이본 쉬나드의 파타고니아는 그 이후 마치 환경운동 단체와 같은 경영 행보를 이어간다. 그들은 논쟁적 환경 이슈를 본격적으로 파고든다. 미국에선 국립 공원과 국유지 개발을 허가한 도널드 트럼프 전 대통령에 소송을 제기했고, 파타고니아 코리아는 국내에서 '보 철거' 운동을 하고 있다.[85] 회사는 '매출액'의 1%를 환경 단체에 기부(이익이 아니라 매출액)한다. 창업자인 이본 쉬나드는 그의 전 재산인 한화 약 4조 원 규모의 파타고니아 주식을 환경 단체인 자사 법인 2곳에 통째로

85) 파타고니아코리아 홈페이지, '액티비즘' 페이지(https://www.patagonia.co.kr/activism/main)

양도했다. 그의 자녀를 비롯해 쉬나드 일가에 남은 것은 0%다.[86] 이 같은 리더의 의지는 그 어떤 사회 공헌 활동보다 강력한 결과를 냈다.

지속가능한 성장 추구를 위해 파타고니아는 비상장 기업의 지위를 유지하고 있다. 자본주의적 이윤 추구 압박으로부터 자유롭기 위해서다. 그러나 ESG 평가 대상이 아님에도 그 어떤 기업보다 지속가능경영 커뮤니케이션을 잘하는 기업으로 꼽힌다. 파타고니아의 지속가능경영 정보는 그 어떤 기업보다 넘쳐난다.

파타고니아 홈페이지 '스토리즈Stories'는 '스토리(이야기)'의 힘을 꿰뚫어 본 이본 쉬나드의 통찰이 반영된 결과다. 대중 광고를 거의 하지 않는 파타고니아는 뉴스거리를 스스로 만들어내고 언론의 호평을 받는 것을 더 선호한다. 제품, 환경, 보육, 어떤 프로그램이건 모든 소통 방식은 글을 통한다. 별도의 연간 사회환경보고서를 발간하며 이를 독자들이 쉽게 이해할 수 있도록 별도의 편집을 통해 홈페이지에 게재해 파타고니아의 다양한 활동들을 살펴볼 수 있도록 했다. 환경 커뮤니케이션에서 우리나라 기업과 정부가 가장 부족한 부분이 바로 쉬운 언어로 해석해 전달하는 노력이다. 쉬운 글이 지닌 힘을 간파한 그의 통찰과 노력이 돋보인다. 개별 행동을 중심으로 그 배경

86) 이코노미조선, "지구가 최대 주주"…새로운 자본주의 등반에도 성공할까, 2022.09.

We're letting go of virgin materials.

Extracting and processing virgin materials takes a toll on land, water and air. To do our part, Patagonia is moving toward 100% renewable and recycled raw materials. By using both synthetic and natural fibers made from pre-consumer and postconsumer waste, we are limiting our dependence on raw materials and reducing carbon emissions.

69%
The percentage of our raw materials this season that are made with recycled inputs (another 18% are renewable).

파타고니아 원자재의 69%는 재활용된 소재가 적용됐다.
출처: 파타고니아 홈페이지

(철학)과 영향Impact을 풀어냈다. 이는 자원을 효율적으로 활용하는 생산 방식에 대한 성찰을 제공하고 공유하는 것이자 소비 행위의 파급을 이해시키고 설득하는 행위다. 단순히 NGO(비영리기구)의 환경 캠페인을 지지하는 것을 넘어 기업의 경영 활동을 통해 환경 캠페인을 벌이고 있는 모습이다.

이에 따르면 파타고니아의 리사이클 소재 사용 비중은 69%다.[87] 매년 생산되는 2,600만 톤의 의류 중 전 세계 리사이클 시장은 약 30만 톤으로 1%에 불과하다. 이는 파타고니아 의류를 구매할 경우 평균 30~35%의 이산화탄소 배출을 줄일 수 있다는 말이다. 전 세계 의류 산업에서 해마다 배출하는 이산화탄소는 연간 12억 톤으로 국제선과 해상 운송을 합친 것과 맞먹는 양이다.

87) 파타고니아 홈페이지, 'why-recycled' 페이지(https://www.patagonia.com/why-recycled/)

유엔 유럽 경제위원회UNECE, 2018에 따르면 글로벌 패션 사업은 세계에서 두 번째로 물 사용량이 많으며, 탄소 배출량의 10%가 패션 산업에 의해 만들어진다. 면화와 살충제, 농약의 과도한 사용으로 생태계를 파괴할 뿐만 아니라 쓰레기의 85%가 재활용되지 못하고 매립지로 보내진다. 현 추세라면 2050년까지 필요한 천연자원이 2000년에 비해 3배에 달할 것으로 추정된다. 반면 폐페트병으로 만든 리사이클 섬유의 경우 이산화탄소 배출은 40~50%가량 줄일 수 있다. 파타고니아는 리사이클 소재를 통해 1년에 약 2만 톤의 이산화탄소 배출량을 줄였으며, 다른 의류 업체가 같은 방식으로 옷을 제작할 경우 총 1억 1,400만 톤의 이산화탄소를 줄일 수 있다며 동참을 촉구했다. 이는 미국 캘리포니아주 1,300만 가구가 1년간 배출하는 양과 맞먹는다.

하지만 리사이클 소재를 사용하더라도 상당량의 물과 대기 오염 및 폐기물 배출은 불가피하다. 이에 가장 좋은 것이 오래 입을 수 있도록 소비자의 '수리권Right to repaire'을 보장해 주는 것이다. 파타고니아는 의류 업계에서 보기 드물게 '원 웨어worn wear 스테이션'을 운영한다. 원 웨어는 '해진 옷을 입는다'는 뜻이다. 매장에서 전문 수선사를 두고, 브랜드를 막론하고 의류를 무상으로 수선해 준다. 또 직접 재가공한 중고 제품을 판매하는 원웨어 온라인 샵을 운영한다.

시민 단체인 '랩Wrap'에 따르면 옷의 수명이 9개월 연장되면 생산 공정에서 발생하는 탄소와 물, 기타 산업 폐기물이 최대 30% 감소하는 것과 맞먹는다고 한다. 기업 입장에서 마케팅 효과는 덤이다. BCG(보스턴컨설팅)에 따르면 패션 브랜드가 친환경적인 사업에 노력을 기울일 경우 브랜드 충성도는 33%, 의류 구입은 18%가량 증가한다. 친환경 경영의 모범 사례로 꼽히는 기업들에게 찾아볼 수 있는 특징은 역설적이게도 '환경'을 앞세운 마케팅을 하지 않는다는 점이었다. 환경 철학을 제조 공정에 도입하고, 이를 스토리로 공개하며 전환을 촉구한다. 마치 이 제품을 산다면 내가 지구를 구하는 느낌이 들도록 만든다. 소비자를 유혹하는 것을 넘어 지속가능한 구매 행동을 촉구하는 것이다. 이 자켓을 사지 말란 문구는 반어적 표현이 아닌, 진심이었던 것이다.

다음은 이본 쉬나드가 그의 자서전에서 추천한 옷 구매 및 관리 팁이다.

1. 합리적인 소비자이자 건전한 시민으로서 실천할 수 있는 가장 책임감 있는 의류 구매 방법은 중고 의류를 구입하는 것이다.
2. 더 나아가 드라이클리닝이나 다림질이 필요한 옷을 사지 않도록 해야 한다. 왜냐하면 세탁으로 인한 에너지 사용이 의류에 연관된 탄소 발자국의 25%를 차지할 정도로 비중이 크기 때문이다.
3. 세탁은 찬물에 해야 하고 가능한 건조기 없이 말려야 한다.
4. 셔츠는 하루 이상 입고 빤다.

6조 친환경 사옥 건설한 애플에 '나쁜 기업'?

전기전자 제품 가운데 노트북은 환경오염의 주범 중 하나다. 플라스틱을 비롯해 납, 수은, 크롬 등 중금속이 부품으로 들어 있으며, 수리비도 높아 소비자로 하여금 새 상품 구매를 유도하기 때문이다. 이 분야에 악명 높은 기업이 '애플'이다. 영국 의회 환경감사위원회Environmental Audit Committee는 "일부 회사들은 고의로 그들의 물건을 수리하는 것을 어렵게 제품을 만들고 있다. 이는 우리가 필요 이상으로 더 많이 사도록 만든다"며 애플을 지목한 장문의 보고서를 2020년 11월 발간한 바 있다. 또 애플은 범용 충전기 사용도 거부해 전자 폐기물이 쌓이는데 기여하고 있다는 비판을 꾸준히 받고 있다. 2020년 기준 인터넷에 연결된 장치의 수는 250억~500억 개로 이는 지구 인구의 3배 이상이다.

애플은 100% 재생에너지로 사업을 운영하고 있으며, 주요 부품 전반에 재활용 재료를 사용하고 있다. 포스코경영연구원에 따르면 애플은 2016년 이후 탄소 배출량을 총 40% 감축했으며, 최근 출시된 아이폰 13프로는 이전 세대 모델 대비 탄소 발자국을 11%, 맥북 프로16은 8% 줄였다. 아이폰 13의 포장재 플라스틱 사용량은 아이폰 6s 대비 10% 수준에 불과하다. 약 50억 달러(한화 약 6조 3,000억원)을 들여 지은 애플의 신사옥 애플 캠퍼스2는 세계에서 가장 큰 태양광 지붕을 만들어 건물 전체를 100% 신재생에너지로 가동하고 있다.

| 애플 캠퍼스2 조감도

그럼에도 애플의 친환경 경영은 어째서 위원회 설득에 실패했을까. 영국 환경감사위원회는 수리 기사들을 대상으로 실시한 설문 조사를 통해 "이들은 애플의 노트북이 접착제와 납땜을 떼어내 수리하기 매우 어렵게 만들어졌다고 말했다"고 전하며 "애플은 수리 수수료도 매우 높게 청구하고 있다"고 지적했다. 이어 "이는 영국의 오랜 엔지니어링 역사에 역행하는 추세로 멈출 필요가 있다"고 덧붙였다. 다양한 친환경 경영 전략에도 불구하고 애플이 고의적인 제품 수명 단축을 통해 수익성을 극대화하는 전략을 유지하고 있다는 것이 위원회의 판단이다. 위원회의 지적 이후로도 애플이 수리를 용이하게 디자인을 개선했다는 소식은 없다.

이는 친환경이라고 다 같은 것이 아니라 그 사이에도 서열Hierarchy이 존재한다는 '순환경제Circular Economy'의 개념을 영국

의회가 적극 받아들이고 있기 때문이다. '폐기물 계급The Waste Hierarchy'이란 환경에 좋은 관리 방식에 순위를 매긴 것이다. 환경에 가장 영향을 덜 주는 것은 애초의 사용량 '감축Reduce'이고, 그 다음이 재사용Reuse, 재활용Recycle, 매립Dispose 순이다. 영국 왕립화학회는 여기에 '재사고Rethink와 재디자인Redesign'을 가장 상위에 추가했다. 이는 제품 초기 '생산자'가 환경오염을 일으키는 폐기물 발생의 주범이란 점에서 출발한다. 결국 기업이 에코 디자인을 제품에 적용하기 위한 재사고 과정을 거쳐야 순환경제의 퍼즐이 비로소 맞춰질 수 있다는 뜻이다.

전자 기기 제조업체에 대해 소비자의 '수리할 권리Right to Repair' 보장을 촉구하는 주요국의 정책 활동도 강화하고 있다. 미국 바이든 대통령은 2021년 7월 9일 소비자들이 전자 기기를 수리해 사용할 권리를 확보할 것을 촉구하고 애플과 같은 전자 기기 제조업체들의 수리 제한 관행을 불법으로 규정하기 위한 행정 명령에 서명했다. 같은 해 영국도 수리할 권리 법안을 통과시켰고, 프랑스는 2020년 스마트폰, 노트북 등 전자 기기 제조업체들이 수리 가능성 지수(1~10단계)를 표기하도록 법으로 정했다.

하지만 제품의 수명을 연장하고 수리를 쉽게 하도록 하는 것은 이익과 직결되는 판매량 감소로 이어진다는 점에서 자본주의 시장 경제 체제는 반하는 일이다. 그런데 이 같은 전통적인 경제 원리에 도전장을 내미는 기업들이 등장해 경영 성과도

내고 있다는 점은 주목할 만하다.

세계적인 북유럽 가전 업체인 일렉트로룩스는 전자 제품이 사용 기간 동안 환경에 미치는 영향을 측정하는 연구를 해왔다. 이를 통해 재활용할 수 있는 디자인 개발 등에 제품 개발비의 3분의 1 이상을 투입하고 있다. 제품 수명을 연장하는 제품 개발이 수익 창출에도 도움이 되도록 판매·제조 시스템도 혁신했다. 소비자는 제품을 구매해 수명이 다할 때까지 쓰는 획일적 대상이 아니라 정기적으로 제품을 업그레이드해 사용하는 소비자를 포함한다. 이를 위해 제품 모듈화를 도입했다. 제품 사용 중단을 희망하는 소비자들도 있을 수 있다. 이 경우엔 제품을 회수한 뒤 재제조해 판매한다. 이는 제품을 튼튼하고 고장 나지 않게 만들었다는 이미지를 주고 소비자와의 지속적 관계를 유지함으로써 기업에 대한 충성도를 높이는 데도 기여하고 있다.

일렉트로룩스는 '2021 지속가능보고서'를 통해 "기술개발R&D 및 디자인 팀이 '재활용성과 수리성'을 극대화할 수 있도록 지속가능한 디자인 가이드라인을 지속적으로 개발했다"고 표방하고 있다. BMW는 재제조된 순정 부품을 판매한다. 버려진 부품으로 부를 창출하는 브랜드 이미지를 구축하고, 신제품의 사양을 충족시키는 엄격한 품질 관리 프로세스 통과를 보장하며 프리미엄 브랜드 명성도 유지하고 있다. 나아가 이 같은 제품 사용 연장의 사업 모델은 수리 서비스 산업 규모 확대나 중고 제품 회수 비즈니스 등 여타 하위 산업의 성장과 신사업의 탄생으로도 이어지고 있다. 단순 산출량을 늘리는 전통적 성장 전략 대신 중고 부품을 회수하고 다시 만들어 판매하면서 자원 사용을 획기적으로 줄이는 대신 총수익은 늘리는 지속가능한 비즈니스 실험이 이처럼 이어지고 있는 것이다.

■■ **용어설명**

'폐기물 계급(The Waste Hierarchy)'이란 환경에 좋은 관리 방식에 순위를 매긴 것이다. 환경에 가장 영향을 덜 주는 것은 애초의 사용량 '감축(Reduce)'이고, 그 다음이 재사용(Reuse), 재활용(Recycle), 매립(Dispose) 순이다. 영국 왕립화학회는 여기에 '재사고(Rethink)와 재디자인(Redesign)'을 가장 상위에 추가했다. 이는 제품 초기 '생산자'가 환경오염을 일으키는 폐기물 발생의 주범이란 점에서 출발한다. 결국 기업이 에코 디자인을 제품에 적용하기 위한 재사고 과정을 거쳐야 순환경제의 퍼즐이 비로소 맞춰질 수 있다는 뜻이다.

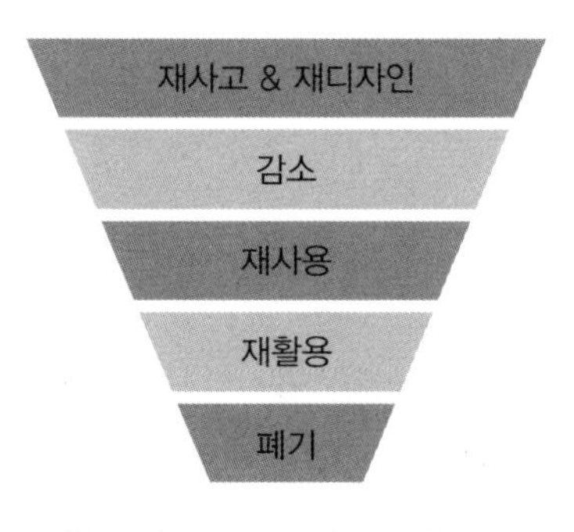

| 폐기물 계급도
출처: 英의회 '전기전자 폐기물과 순환경제(Electronic Waste and the Circular Economy)' 보고서

프라이탁의 성공 요건은... 가치 판매

MZ 세대의 가치 소비가 패션 산업의 새로운 소비 트렌드로 부상한다지만 환경적 가치를 최우선으로 둔 소비 행태는 일반적이지 않다는 걸 경영자들은 체험적으로 알고 있다. 이본 쉬나드 파타고니아 창업주도 그의 저서에서 "생각보다 소비자들은 환경을 우선에 두고 소비를 하지 않는다"고 말한다. 패션 산업의 속성은 여전히 유행과 소비 욕구에 기반해 굴러가는 것이 사실이다. 소비자들은 과연 얼마나 가치 소비를 할 것인가. 스웨덴의 패스트 패션 업체인 H&MHennes & Mauritx AB은 지난 2021년 연례보고서Annual Report에서 처음으로 기후위기가 미치는 재무적 리스크 요인 가장 상위에 '소비자의 태도와 구매 패턴의 변화Changes in customer attitudes and purchasing patterns'를 제시

| 2022년 가나 아크라의 초르코르 해변에 버려진 섬유 폐기물 더미 출처: Bloomberg

했다. 이를 '에너지 비용 증가나 원료 접근성'보다 상위에 놓았다. H&M이 기후 위기 대응에 선두자로 보여지지 않는다면 브랜드 인지도와 평판 리스크에 직면할 수 있을 것이라 봤다.

또 다른 패스트 패션의 대표 기업인 자라Zara의 모회사 인디텍스Inditex도 소비자들이 더 지속가능한 제품을 강하게 선호할 수 있는 잠재력은 수익을 감소시킬 수 있는 '급격한 위험acute risk'이라고 진단했다. 미국 블룸버그는 "2018년도까지도 H&M은 이런 지속가능성을 염두에 둔 구매 변화를 리스트에 한 번도 올린 적이 없었다"면서 최근 몇 년 사이 나타난 경향이라고 분석했다.[88] 패스트 패션은 디자인과 트랜드를 저렴하고 쉽게 구할 수 있는 옷으로 빠르게 전환하는 비즈니스 모델로 1990년대부터 급성장했지만, 과도한 소비를 조장한다는 이유로 손가락질 받고 있다. 패스트 패션의 부상과 함께 2000년과 2015년 사이에 의류 생산은 두 배로 증가했으며, 이 기간 동안 엘런 맥아더 재단은 한 품목이 폐기되기 전에 입는 횟수가 36% 감소한 것으로 추정했다. 매년 거의 입지 않은 산더미 같은 옷들이 가나 등 저개발 국가로 수출되는데 그곳에서 대부분의 옷들은 매립지나 해변에 버려진다. 유엔 유럽 경제위원회UNECE, 2018에 따르면 글로벌 패션 사업은 세계에서 두 번째로 물 사용량이 많으며, 탄소 배출량의 10%가 패션 산업에 의해 만들어진다. 면화와 살충제, 농약의 과도한 사용으로 생태계를 파괴할

---

88) Bloomberg, Where Is the Fast Fashion Backlash?, 2023.03.

뿐만 아니라 쓰레기의 85%가 재활용되지 못하고 매립지로 보내진다. 현 추세라면 2050년까지 필요한 천연자원이 2000년에 비해 3배에 달한다.

하지만 안타깝게도 이 리스크를 심각하게 인식하는 경영자들의 수는 줄어들었다. 패스트 패션은 더욱 저렴하고 더욱 빠른 속도로 쏟아지는 새로운 디자인에 더 열광하고 있기 때문이다. "쉬인 샌프란시스코 팝업 매장에 가지 마세요." 미국의 중고 의류 판매 기업인 '스레드업ThreadUp'이 2022년 6월 중국 온라인 패스트 패션 업체 '쉬인Shein'의 샌프란시스코 팝업 매장 오픈에 맞춰 인근 지역 고객들에게 이런 내용의 앱 푸시app push 알림을 보냈다. 한 기업이 다른 기업을 상대로 노골적인 불매 운동을 벌인 것인데, 지속가능패션을 위한 업계의 피눈물 나는 자정 노력에 쉬인이 찬물을 끼얹자 업계 내에서 불매 운동이 벌어진 것이다. 그동안 패스트 패션 백래시(반발)는 '시민사회 대 기업' 간의 불매 운동의 형태를 띠어왔으나, '기업과 기업' 간은 이례적이었다. 전례 없는 노골적인 불매 마케팅은 세간의 주목을 받기에 충분했다.

코로나19 팬데믹을 기점으로 패스트 패션 업계 1위 자리에 오른 쉬인은 비슷한 디자인의 자라 옷에 비해 가격이 5분의 1로 저렴하다. 인공지능AI이 디자인해 신상품의 출시 속도는 하루 6,000개에 달한다. 트랜드에 민감하고 소셜 미디어에 큰 영향을 받는 Z세대를 집중 공략, 10여 년 만에 기업 가치 1,000

억 달러를 달성했다. 그러나 쉬인은 환경오염 유발, 저임금·열악한 노동 환경 등 ESG 경영에 역행하는 행보가 본격적으로 언론을 통해 연이어 보도되고 지식재산권 침해 소송 등에 휘말렸다. 패션 브랜드의 지속가능성을 평가하는 사이트인 굿온유에서 쉬인의 지속가능성 점수는 5점 만점에 1점으로 '피해야 할 브랜드We avoid' 등급을 받았다.

그러나 슈퍼 컨슈머Super-consumer[89]는 안티 컨슈머Anti-consumer를 여전히 이기고 있는 것으로 보인다. 블룸버그에 따르면 쉬인은 전년 대비 2022년 11월 미국 매출이 9% 증가한 유일한 패스트 패션 회사였다. 경쟁사인 'ASOSAs Seen On Screen'의 매출은 전년 대비 2% 감소했고, H&M과 자라는 모두 10% 이상 감소했다. 쉬인은 코로나19로 이후 3년간 급격히 성장하며 2022년 11월 미국 패스트 패션 매출의 약 50%를 차지했다.[90] 여전히 빠른 소비가 지속하고, 글로벌 패스트 패션에 대한 지속가능경영의 성과가 자리를 잡아가지 못하는 상황이다. H&M은 고작 1년 만에 소비자 태도 부문을 '리스크'에서 '기회'로 자리를 옮겼다. 불과 한 해 만에 스스로 기후위기 대응 선두 주자로서 평가하며 이를 '기회Opportunity'로 판단했다.

---

89) 슈퍼 컨슈머는 자기를 드러내는 것을 좋아하고 온오프라인에서 자기애와 자기 감정을 과하게 표현하는 특징을 지닌 소비자들을 말한다.

90) Bloomberg Second Measure, 〈Shein holds largest U.S. fast fashion market share〉, 2023.01.

출처 : Thredup(쓰레드업) 공식 인스타그램 계정

이처럼 가치 소비가 패션 산업에 미치는 영향은 불확실하다. 즉 가치와 소비의 상관관계조차 확인되지 않은 상황에서 '프라이탁Freitag'은 가치를 내세워 소비자의 지갑을 연다. 가치와 소비의 인과관계를 증명하는 브랜드로 프라이탁은 대표적 사례로 연구되고 있다. 이는 프라이탁의 성공 요인을 분석해 이를 확장하려는 시도들이다. 업사이클링에 대한 인식조차 없었던 1993년 스위스에서 창업해 업사이클링의 대표적 기업이 된 프라이탁은 착한 소비의 가치를 대놓고 공략하지 않는다. 광고도 하지 않는다. 팬덤이 일으킨 소비자들의 바이럴 마케팅으로 명성을 쌓았다.

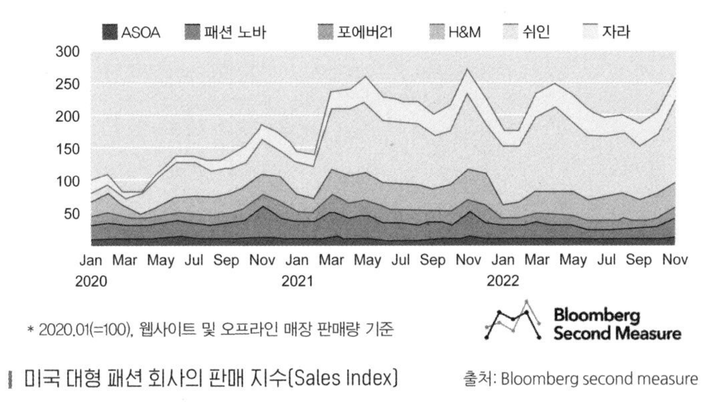

미국 대형 패션 회사의 판매 지수(Sales Index)

출처: Bloomberg second measure

프라이탁의 업사이클 제품 구매에 영향을 미치는 요인에 대해 수많은 연구들이 지적하는 것은 '제품 자체의 가치'다. 기능이나 디자인, 개성의 표현 수단 같은 제품이 지닌 고유한 핵심 가치를 지녀야 한다는 말이다. 프라이탁은 마르쿠스 프라이탁Markus Freitag과 다니엘 프라이탁Daniel Freitag 형제가 취리히 대학에서 디자인 공부를 하던 당시 비로 가방이 젖자 우연히 본 트럭 방수 천으로 가방을 만든 것이 시작이다. 버려진 트럭용 방수 천과 자전거 내부 튜브, 자동차 안전벨트 등 폐소재로 심미적 디자인을 고려해 만든 가방은 친구들 사이에서 쿨함으로 인정받았다. 그렇게 우연한 계기로 업사이클링의 시조새인 브랜드가 만들어졌다. 전 과정이 수작업으로 이뤄지기 때문에 동일한 제품은 없다. 해지고 오염된 그대로의 빈티지한 감성이 더해지면서 '감성 쓰레기'로 불리기도 하지만, 구매자들은 프라이탁이 제공하는 스토리를 자신의 것으로 만들어 주변에 떠들고 싶어 한다.

■■ **용어설명**

업사이클링(Upcycling)이란? 리사이클링은 버려진 물건을 완전히 분해해 새로운 소재나 재료로 재탄생시키는 것이라면, 업사이클링은 버려진 물건을 분해하는 과정 없이 디자인과 기능을 가미해 새 물건으로 탈바꿈한 제품이다. 가내 수공업에서 산업화하려는 흐름이 나타나면서 업사이클링이 순환경제의 하위 세트(sub-set)로 주목받고 있다.

순환경제라는 용어가 1990년 데이비드 피어스David Pearce와 케리 터너R. Kerry Turner의 저서 《천연자원과 환경의 경제학》에서 처음 소개된 것을 감안하면, 프라이탁의 비즈니스 모델은 창업 당시에도 말 그대로 혁신적이었던 것이었다. 국내에선 지난 2006년 아름다운 가게가 한국 최초로 업사이클링 브랜드 에코파티메아리Eco Party Mearry를 창립한 바 있다. 프라이탁과 비교되는 국내 업체로는 소방관들의 방화복을 활용해 가방으로 제작해 판매하는 '119레오REO'와 최고급 자동차 폐가죽을 그대로 살려 가방으로 만든 '컨티뉴continue'가 꼽힌다. 이 외에도 많은 업사이클링 브랜드이 생겨나고 있지만 아직 프라이탁만큼 독보적 명성을 얻은 브랜드는 없다. 프라이탁의 제품은 냄새도 심하고 지저분하고, 수작업이기에 무엇보다 비싸다. 그러자 명품의 가치가 따라붙었다. 명품을 사지만 시크하고 쿨하게 막 굴리는 가방. 스위스 국민 가방이자 전 세계적 팬덤을 형성한 결정적 원인 중 하나다. 최근 들어 환경적 소비와 제품의 기능 사이에 상충 관계가 소비 행태에 미치는 영향은 별개라는 연구들도 이어지고 있다. 업사이클링 제품의 질이 떨어지더라도 소비자들은 그들에게 특별함을 선사하는 제품에 돈을 투척한다는 이야기다.

반면 착한 소비 모델이 지닌 한계는 명확하다. 국내 사회적 기업들이 글로벌 기업으로 성장하는 것을 방해하는 요인 중 하나로, 착한 기업의 강박 관념에 사로잡혀 비즈니스 모델을 제대로 구축하지 못한다는 점이 지적된다. 브랜드 컨설팅 전문가인 조수용 카카오 대표는 한 언론 인터뷰에서 "친환경 업체는 재활용과 비영리라는 개념을 동일화하는 착각에서 벗어나야만 성공할 수 있다"고 이야기했다. 당연한 소리 같지만 기업이라면 돈을 벌어야 한다는 뜻이다. 프라이탁은 충분한 가치를 제공하여, 가치를 드러내고자 하는 소비자들이 지불 의사를 갖도록 하는 원리로 돈을 번다. 프라이탁의 홈페이지는 파타고니아와 유사하게 브랜드 탄생 스토리와 순환성을 위한 공정 과정, 원재료의 소스를 제공하면서 순환성 로드맵 달성을 위한 공약을 제시하기 위해 상당량의 트래픽을 사용한다. 심지어 도시 내 자전거 대여 서비스를 하기도 한다. 지속가능한 비즈니스를 하는 것이 아니라 지속가능한 가치를 판매하고 있는 것이다. 성공적인 업사이클링 비즈니스의 사례 연구에 따르면 성공적인 업사이클링 비즈니스 3곳(프라이탁, 캐나다 ChopValue, 영국의 펜타토닉)의 성공 요인은 △비즈니스의 중심에 있는 지속가능성 가치 또는 철학 △시장에서 경쟁력 있는 제품 및 서비스 제공 △비즈니스 효율성을 위한 파트너십/협업 △경쟁력을 위한 생산 혁신 △지속가능한 순환적 공급망 관리 등 다섯 가지 요소가 공통적으로 나타났다.[91] 즉 제품 그 자체는 물론, 제품 가치의 혁신성 두 가지를 동시에 구매하도록 만드는 것이 이들 산업의 성공 핵심 요인이란 뜻으로 풀이된다.

대표적인 환경경영 기업, 유한킴벌리에 없는 '한 가지'

국내 환경경영 기업의 대표로 꼽히는 '유한킴벌리'의 풋프린트를 추적하면 한국형 경제발전 공식이 나온다. 유한킴벌리의 환경경영의 뿌리는 유한양행 창업자인 유일한 박사의 정신을 이어받아 '애국'이라는 아시아권 문화의 가치에 뿌리를 둔다. 파타고니아 등 글로벌 우수 기업 사례와 비교하면 제품의 공정 과정이 아닌 '국가적 공익사업'을 중심으로 주요 스토리가 구성된다. 기업 경영에 공동체적 가치를 우선순위에 둔 유한킴벌리의 경영은 ESG 우수 기업으로 꼽히는 글로벌 기업들과 상당 부분 유사한 결을 나타내고 있다. 유한양행 창업가 유일한은 1971년 76세의 일기로 숨을 거두면서 자신의 소유주식 전부를 사회 및 교육원조신탁기금에 기증했다. 유한양행은 1936년 주식회사로 전환하고 종업원 지주제를 실시하기도 했다. 전문경영인제도를 시행해 현재 유한양행 경영 형태의 기초를 마련했다. 지배구조(G) 측면에서 보면 경영권 세습이 여전한 요즘과

91) Kyungeun Sung · Paul Hugles · Jen-Hsien Hsu, 『Exploratory multiple case study on successful upcycling businesses: hopValue, Freitag and Pentatonic』, British Academy of Management (BAM) 2022 Conference, 2022.

비교해도 파격적이다. 기업을 사유화하지 않는 유 박사의 이 같은 행보는 앞선 사례 분석에서 다룬 글로벌 아웃도어 기업 파타고니아의 이본 쉬나드 창업가의 행보와도 매우 유사하다. 1960년대 정경유착을 거부한 보복으로 대대적 세무 조사를 받았지만, 그간 탈세를 하지 않았던 사실이 밝혀지며 오히려 모범 납세기업으로 선정된 일화는 유명하다. 그의 평전에 따르면 유일한 박사의 기업가 사상은 국익과 혁신을 바탕으로 한 합리적 실용주의와 낭비를 절대 허용하지 않는 근검절약과 청지기 정신으로 집약된다. "기업에서 얻은 이익은 그 기업을 키워 준 사회에 환원해야 한다. 기업의 소유주는 사회이다. 단지 그 관리를 개인이 할 뿐이다"라는 말을 남긴 바 있다.

다소 비장하기까지 한 유한양행의 애국 경영을 전 지구적 가치로 끌어올리는 시도가 문국현 전 유한킴벌리 사장의 숲 가꾸기 캠페인을 통해 구체화했다. 유한킴벌리는 매출액의 1%를 환경 보호 비용으로 사용한다. '우리 강산 푸르게 푸르게' 캠페인을 통해 화재로 소실된 몽골 토진나르스 지역엔 여의도 11배 면적인 3,529ha의 면적에 나무가 심어졌다. 현재는 몽골 유한킴벌리숲으로 불린다. 이 밖에 국공유림 나무 심기, 공공근로사업으로 숲 가꾸기, 170개 학교에 학교숲 조성, 북한 산림 복구 노력 등 유한킴벌리의 나무 심기는 기업 공익사업을 국가적 사업으로 끌어올리면서 기업 브랜드를 각인하는 데 일조했다. 유한킴벌리는 40여 년간 약 5,400만 그루의 나무를 심었다. 소나무 기준 7그루는 약 1톤의 이산화탄소를 흡수한다. 그러나 이를

'유한킴벌리 숲'이 조성된 토진나르스는 '끝없는 소나무 숲'이라는 뜻을 가진 지역으로 몽골에서도 드물게 숲이 좋았던 곳이었지만, 두 번의 대형 들불로 사막화가 진행되던 지역이었다. 현재는 몽골에서 가장 유명한 트래킹 숲으로 꼽힌다. 사진=2018년 9월 유한킴벌리 촬영

탄소 배출권으로 인정받지는 못하고 있는 것으로 파악된다.

유한킴벌리는 비상장 기업으로 공시 의무가 없지만, 2006년부터 지속가능경영보고서를 발간하고 있다. 유한킴벌리는 주주에 대한 고배당을 통해 신규 투자가 이뤄지는 구조다. 외부 자본의 지분이 0%다. 즉 ESG 정보를 공개하지 않아도 자본 조달 이슈에서 자유롭다. 유한킴벌리는 1970년 국내 제약 회사 유한양행과 미국 제지 회사 킴벌리클라크사가 공동 출자해 세운 위생용 제지 회사로, 현재 주주 구성은 킴벌리클라크의 헝가리 법인인 킴벌리클라크 트레이딩 LLC와 유한양행이 각각 70%와 30%의 지분을 보유하고 있다. 그럼에도 ESG 경영의 필수 요건이라고 할 수 있는 선언과 이행의 일치는 눈에 띈다. 유한킴벌리는 현재까지 선언한 목표치를 모두 달성한 상태로

파악된다. 유한킴벌리는 지속가능보고서에서 약속한 2022년까지 모든 제품의 필름류 포장재를 재생 플라스틱이 30% 적용된 제품으로 적용하겠다는 발표를 준수했다. 지속가능제품이 전체 매출에서 차지하는 비중은 초과(2022년 목표 35% 대비 45% 달성)했다. 특히 재생플라스틱 30% 달성은 우리나라의 낮은 재생플라스틱 생산 생태계를 고려하면 매우 높은 수치다. 국가 전체 재생플라스틱의 사용 비중은 0.2%(2019년 기준)에 불과하다.

그러나 기존 공익사업이 정확한 계량화로 이어지지는 못하고 있었고 회사가 구분하고 있는 지속가능제품의 정의도 주관적이었다. 친환경 원료를 적용한 제품과 그렇지 않은 제품 간에 차이점도 제시하지 않았다. '100% 천연펄프 원단을 사용한 종이 물티슈', '재활용 용이성을 고려한 포장재 생산 설계 강화' 등 원론적인 수준에서 나열하는 데 그친다. 이는 유한킴벌리의 제품을 소비했을 때 소비자들에게 주는 환경적 만족도를 체계화하는 데는 역부족으로 보였다. 나아가 동종 업계에 동참을 촉구하고 국민적 소비 캠페인을 통해 브랜드 이미지를 구축해 나간 파타고니아 사례와 비교하면 이 같은 공정 전환의 성과를 대외적으로 알리는 노력은 미흡한 것으로 보인다. 선도기업으로써 공정 전환의 과정을 알리고, 이를 통해 탄소 감축 등 환경적 효과Impact에 대한 대외 메시지가 주는 긍정적 2차 파급 효과를 고려할 때 아쉬움이 남는 대목이었다.

유한킴벌리는 앞서 2020년 3월 환경경영 3.0을 발표, 2030년까지의 환경 목표를 제시했다. △지속가능제품 전체 매출의 95% 이상 △2015년 대비 온실가스 배출량 25% 저감 △제품 포장재에 재생플라스틱 및 바이오매스 소재 50% 적용 등을 내놨다. 플라스틱 포장재 부문 외에 제지 회사라는 기업의 주력 생산 품목에서 보면 지속가능펄프 및 고지(K-C 친환경펄프 구매 정책인증기준)의 사용은 이미 100%를 달성했다. 그러나 기업의 사회적 책임을 강조하는 것만큼 이 같은 환경 감축 효과를 파악하는 데는 취재가 쉽지 않았다. 정보가 숨겨져 있었고 소비자들이 적극적으로 친환경적 소비 행태를 하도록 돕는 선택권을 제안하는 데까지 이어지지 못했다. 제품 구매의 차별성을 소비자들에게 선사하는 것보다 기업의 사회적 책임에 집중하는 것이 우리나라 기업들의 특징이다. '우리 강산 푸르게 푸르게'라는 브랜드 이미지는 기업의 사회적 책임을 강조하고 국가 경제에 이바지하는 다소 추상적이고 이념적인 한계에 머물렀다. 차별적 소비자라는 가치를 사려는 소비자들에 대한 소구력은 전반적으로 미흡했다. 이를 위해서는 관련 데이터의 정교화 수준을 높이는 것이 우선해야겠지만, 소비를 통해 긍정적 가치를 구매하고 있다는 다소 도발적 메시지를 내는 것에 용기낼 필요도 있다고 할 수 있다.

솔루션 프로바이더

대한민국 산업의 허리인 중후장대 소재 산업이 고난의 시기를 지나고 있다. 고객들의 요구 변화에 미리 대응한 곳과 아닌 곳의 차이는 극명했다. 여전히 전통적 선형경제의 DNA를 고집한 결과는 처참했다. 많은 CEO들이 경질됐고, 사업 전략을 수정해야 했다. 하지만 경기 사이클에 따라 다시 업황이 회복될 것이란 관성적 사고는 여전히 유령처럼 떠다닌다. 자원 고갈은 선명한 미래이며, 환경에 미친 부정적 과부하는 진행 중이다. 이는 경제적 용어로 다시 말하면 뿌리 깊은 선형경제 DNA를 버릴 것에 대한 요구이며, '순환적Circular' 사고를 우위에 두는 기업만 살아남을 것이란 이야기다. '솔루션 프로바이더(해결사)'로의 강제 전환 과정에서 살아남을 곳은 어디일까.

r-PET 세계 1위 태국 IVL, 한국을 제치다

태국의 한 페트PET 수지 기업인 '인도라마 벤처스IVL'에 관심을 가지게 된 계기는 호주의 비영리 단체인 민더루 재단의 플라스틱 이니셔티브 프로젝트인 '플라스틱 쓰레기 제조업 지수The Plastic Waste Makers Index' 보고서를 보고 난 이후였다. 이젠 국내에서도 업계 관계자들 사이엔 어느 정도 알려진 이름이 됐지만, 처음 이 기업의 이름을 접하고 만나는 업계 사람들에게 이 기업을 소개할 때마다 돌아온 대답은 대부분 '처음 듣는다'거나 '물리적 재활용은 중소기업들이나 하는거 아니냐' 등이었다. 그도 그럴 것이 IVL의 재활용 페트 기술력은 특별한 것이 없다. 규모가 영세한 중소기업도 가능한 수준의 기술이다. 세척하고 분쇄해서 다시 재활용 원료로 투입할 수 있도록 가공하는 것은 고도의 기술을 요구하지 않는다.

그럼에도 이 기업을 주목한 이유는 '사업을 확장한 방식'이 기존의 선형경제 체제와는 차이가 있어서다. IVL은 2011년 페트 재활용 사업에 처음 진출하며 연간 3,576톤에 그쳤던 r-PET 생산량이 2021년 33만 톤, 2022년 69만 톤으로 급격히 늘었다. 이는 우리나라 전체에서 한 해 생산된 규모(2~3만 톤)의 20~30배에 달하는 규모다. 35개국에 진출, 147곳의 재활용 생산 시설을 확보하고 있다. 미국, 체코, 필리핀, 인도네시아 등 주요 재활용 업체 인수합병M&A과 합작법인JV 설립을 통해서다. 구체적으로 보면 IVL은 코카콜라 등 고객사와 조인트벤처JV를 설립하는 등의 협업 체계를 구축하고, 원재료 확보를 위해 협력사들을 M&A(인수합병) 방식으로 공급망을 구축해 나갔다. 폐플라스틱 등의 원재료(피드스탁 · Feedstock)를 확보하는 것이 재생Recycled 소재 생산 기업의 최대 과제이기 때문이다.

이를 구조적으로 보면 '재활용 산업(폐기물 산업)→소재 산업→최종 소비재 산업'이란 경제 고리에서 재활용 산업이 소재 산업으로 편입된 것이다. 선형경제 시스템에서는 각 밸류체인(원료가 가공되어 최종 사용자에게 제품 및 서비스가 제공되는 프로세스)에 따라 선형적으로 원료 체취→원료 가공→재가공 등을 거치며 각 단계가 하나의 산업으로 범주화할 수 있었다면, 순환경제에서는 최종 제품을 중심으로 모든 밸류체인이 하나의 원형 안에서 한 구성원으로 존재한다는 점에서 차이가 있다. 즉 선형경제에서는 개별 생산 단계에 따라 경제 단위가 구분되었다면 순환경제는 최종 '제품과 서비스'를 중심으로 경제 단위가 나뉘는 셈이다. 문제는 선형경제가 일궈 놓은 전통적 생산 시스템을 재구축하는 데 들어가는 막대한 자본적 지출CAPEX이다. 소재 산업은 재활용 산업 등 폐기물 산업을 인수합병 하거나 자본 투입을 통해 품질을 최적화해야 하는 과제를 안고 있기 때문이다. 대규모 자본 조달이 가능한 글로벌 대기업이나 외부 지원이 뒷받침되는 투자 환경이 요구된다.

이렇게 확보된 재생 원료가 비싸게 팔리는 건 당연한 귀결이다. 2024년 1월 현재 국내 한 재활용 업체가 판매하고 있는 재생 페트 원료인 r-PET 칩chip 가격은 kg당 1,800~1,900원으로 신재(1,350원) 대비 30~40% 웃돌았다. 공식 통계를 집계하지 않아 업체나 시기별로 차이가 있지만 대체로 r-PET 재료는 신재의 20%를 웃도는 가격에 거래된다는 것이 업계의 전언이다.

r-PET 칩은 비정형의 플레이크를 가공해 작은 알갱이 모양으로 정형화한 것으로 최종 플라스틱 제품 투입 전 단계의 원재료다. 신재보다 비싸지만 공급이 부족해 수개월 이상 구매 대기를 해야 할 정도다. 기술력이 낮은 중소기업이나 하는 것이라 치부했던 r-PET 사업으로 IVL은 2022년 3조 원대의 상각 전 영업이익EBITDA을 기록했다. IVL의 설립자인 알로크 로히아Aloke Lohia 대표이사는 보스턴컨설팅사가 선정한 2021년 아시아 10대 경영인에 오르기도 했다. 이 기간(2022년) 우리나라 '나프타 분해 시설NCC·naphtha cracking center[92]'을 보유한 석유화학사 6곳(롯데케미칼, LG화학, 한화토탈에너지스, 여천NCC, SK지오메트릭, 대한유화)은 적자를 냈다. 롯데케미칼은 창사 이래 처음으로 적자를 냈고, 신용 등급 '하향 검토'라는 굴욕을 맛봐야 했다. 롯데케미칼의 과거 6년간 영업 이익은 연평균 1조 7,401억 원이었으나 그 해엔 7,584억 원 적자였다. 이런 사정은 나프타 시설을 보유한 화학 기업 6개사 대부분 비슷했다.[93] 이들 일부

92) 원유 증류로 생산된 나프타(납사)를 열분해해 석유화학의 기초원료인 에틸렌, 프로필렌 등을 생산하는 설비

는 창사 이후 직원들에게 처음으로 연말 성과급을 지급하지 못했다.

그런데 전 세계 재생 페트recycled-PET 수지 1위 생산 업체로 자리매김하며 글로벌 업황 악화에도 두 자릿수의 고성장을 구가했던 IVL마저 2023년 들어선 디레버리징(부채 감축)에 나섰다. 고금리·인플레이션·인력 확보 등 거시 경제 환경이 비우호적이었고 범용 석유화학 산업의 중국발 공급 과잉으로 업황이 악화하며 재고가 누적됐기 때문이다. 이에 IVL은 미국 텍사스에서 건설 중이었던 테레프탈산PTA[94] 생산 공장 건설 투자를 중단했다.

그럼에도 r-PET 생산 재활용 시설 투자만큼은 확대 기조를 이어갔다. 2023년 3분기 브라질 법인의 r-PET 생산량을 3배 늘리는 데 이어 2025년까지 글로벌 전체로 총 75만 톤까지 생산 시설을 확대하고, 15억 달러(2조 원)를 투자하겠다는 계획이다. 폐플라스틱 재활용 산업은 의심의 여지없이 '금맥'이자 소재 기업에 필수 포트폴리오로 떠올랐기 때문이다.

보스턴컨설팅에 따르면 2050년까지 폴리에틸렌PE(가장 널리 사용되는 합성수지의 한 종류) 시장의 성장성은 연간 0%, 물리적 재활용은 6.4%, 화학적 재활용은 9%로 추산했다. 즉 전통적 석유화학 산업은 글로벌 성장이 정체 국면에 접어들 것이란 전

93) 각 사 재무제표 저자 취합
94) 페트 중간원료

망이다. 이와 달리 재활용 플라스틱이나 저탄소 플라스틱 제품은 플라스틱 소비 증가량에 맞춰 꾸준한 성장세를 이어갈 것으로 예상된다. 재활용 방식별로는 화학적 재활용이 물리적 재활용에 비해 품질의 우수성으로 보다 높은 성장률을 나타낼 것으로 BCG는 분석했다.

다만 화학적 재활용은 아직 상업 생산이 이뤄지기 전인 실증 단계에 그친다. 화학적 재활용은 국내 석유화학사들이 집중하는 영역이다. 열분해와 해중합 등을 통해 신재에 버금하는 고품질의 재생원료 생산이 가능하기 때문에 다양한 플라스틱 제품 수요자에 맞는 물성을 제공할 수 있다는 장점이 있다. 그러나 국내 석화사들은 이렇게 미래 먹거리인 '화학적 재활용' 시설 투자를 늦추고 있다. 이미 고꾸라진 범용 석유화학 제품에서 적자를 내며 수익을 내지 못하는 상태에서 '밑 빠진 독에 물 붓기 식' 투자로 재무 부담이 가중되고 있는 탓이다. IVL이 코카콜라, 펩시코, 유니레버, P&G 등 주요 글로벌 플라스틱 사용 기업들과 r-PET 공급 협력을 통해 각 지역에서 왕성한 재활용 업체를 인수하는 동안 우리나라 대기업들은 플라스틱 물리적 재활용은 기술 수준이 낮은 중소기업이나 하는 사업 정도로 치부하며 뒤늦게 진입하려다 빗장이 걸리기도 했다. 1부에서도 언급했듯 중소기업 적합 업종 지정 위기는 면했으나, 동반성장위원회에서 중소기업과 상생협약을 통해 안정적 원재료 공급에 협조하는 대신 대기업은 재활용업에 진출하지 못하도록 하면서다. 국내 대기업들이 조단위 투자를 하고 있는 '화학적 재활용'은 일러야 2025년께 상업 생산을 기대하고 있다. 그러나 이마저도 늦어질 전망이다. 롯데케미칼은 2024년 열분해 시설 준공 목표에서 투자를 일시 중단하며 2026년으로 미뤘고, SK지오센트릭도 울산 공장 시설 투자 시나리오를 면밀히 들여다보기로 했다. 한 석유화학사 관계자는 "국내 폐기물 시장에서는 원재료 확보가 쉽지 않다. 대기업의 자본으로 기존 재활용업 진출을 통해 고순도 원재료 확보가 뒷받침돼야 한다"며 "예상을 뛰어넘는 업황의 불황이 장기화에 고금리 거시 경제 환경과 경영진 교체가 맞물려 미래 먹거리에 대한 과감한 투자 집행은 재검토되고 있다"고 말했다.

이 가운데 우리나라의 한 스타트업이 '페트PET' 중심의 국내 플라스틱 재활용 산업의 한계를 극복할 상용 기술을 개발했다. 연구 8년 만에 상용화에 성공하면서 재활용 산업이 활발한 스웨덴, 독일 등 5개국 해외 재활용 대기업 등과 판매 계약 논의가 진행 중이다. 국내 해중합 설비 투자를 진행 중인 대기업에도 퀄리티 컨트롤 기기를 공급하면서 본격적인 스케일업 단계로 진입할 것으로 기대되고 있다. 국내 폐플라스틱 재활용 선별 업체는 약 1,800곳에 달한다. 이 가운데 연매출 100억 원 이상은 500곳 수준으로, 약 80%는 고품질 선별 시설 도입 의사가 있는 것으로 조사됐다.

플라스틱을 분해하는 미생물을 발견한 19세의 고등학생에서 8년차 ㈜리플라 창업주가 된 서동은 대표를 그의 연구소에서 만났다. 서 대표는 업계를 취재하면 한 번쯤 들을 수밖에 없는 이름이다. 업계의 주목을 한 몸에 받고 있는 건 그의 인품만큼 훌륭한 리플라의 기술력 때문이다.

㈜리플라는 국내 플라스틱 재활용 산업의 숙원을 풀어냈다. 생활계 플라스틱 재활용이 국내에서 활성화하지 못한 이유는 여러 가지 복합재료가 붙어 순도를 떨어뜨리기 때문이다. 근적외선 선별과 밀도차 선별 중심의 국내 플라스틱 재활용 산업에서 재생 폴리프로필렌PP의 순도는 98% 수준이다. 소수점을 다투는 이 시장에서 2%의 오염 탓에 제값을 못 받는 것이다. 중국 등 개별 국가의 플라스틱 재생원료 수입 기준은 순도 99.5% 이상을 요구한다. 현재 생활계 플라스틱의 80~90%는 재활용하지 못하고 매립이나 소각되는데, 특히 국내 플라스틱 생산량의 40%를 차지하는 PP의 재활용률은 매우 낮다. 물에 뜨는 특성을 지닌 PP와 PE가 흡착해 순도를 떨어뜨리기 때문에 이를 단일 재질로 만드는 기술이 재활용 산업의 숙원 과제였다.

PP만 남겨두고 다른 플라스틱은 모두 섭식하는 특성을 지닌 A균은 2017년 서 대표가 고등학생 시절 전국과학탐구대회에서 실험에 성공해 특허를 받은 미생물균이다. 직접 곤충에서 추출해 발견한 미생물이다. 이 A균은 플라스틱을 분해하는 단백질을 방출하고 동시에 기름을 대사하는 유전자까지 지녀 가장 안전하면서 안정적으로 플라스틱을 분해했다. 단백질이 고분자의 결합을 부숴 기름으로 분해하면, 미생물은 이 기름을 먹고 배양해 플라스틱을 수용성으로 만든다. 그는 울산과학기술원UNIST에서 생명공학을 전공하면서 '학생' 신분으로 리플라를 창업해 상용화에 줄곧 몰두했다.

㈜리플라가 개발한 2세대 바이오 탱크는 미생물 대량 배양을 통해 약 10~20㎏의 폐플라스틱 처리용량 기술까지 확보한 상태다. 처리량을 500㎏까지 늘려 대형화하는 3세대 기기가 개발되면 대규모 처리 시설 공급을 통해 규모의 경제 효과도 누릴 수 있을 것으로 기대된다. 그는 "리플라의 바이오 탱크를 설치하면 기존 공정 처리를 방해하지 않고 순도를 향상시켜 매출을 50% 높일 수 있다"며 "2023년 11월 연구 8년 만에 품질 향상 공인성적서가 나와 본격적인 제품 공급 계약 단계에 들어섰다"고 말했다. PP 순도를 향상시키면 판매가 인상과 더불어 매립·소각 비용 절감도 기대된다. 그는 2018년 재생 플라스틱 가격을 기준으로 연간 46억 원의 부가가치 창출이 기대된다고 밝혔다. 다만 이는 2018년 재생 플라스틱 판가를 기준으로 한 것으로, 당시 재생 플라스틱의 가격은 신재보다 52% 수준 낮았다. 현재는 재생 플라스틱의 가격이 신재를 역전해 약 20~30% 가량 비싸게 팔리고 있다. 이에 따라 실제 매출 증대 효과는 당시 추정치를 크게 웃돌 것으로 예상된다.

리플라는 국내보다 해외에서 알아보는 기업이다. 독일, 스웨덴, 스페인 등 재활용 산업이 대형화한 대기업들이 우리나라의 한 스타트업과 기계 도입을 논의하는 단계다. 리플라는 2024년 미국 라스베이거스에서 열린 국제전자박람회인 CES에서 플라스틱 재질 선별 기기로 혁신상을 수상하기도 했다.

쓰레기 산업의 수직계열화 '이유'

미국의 폐기물 처리 업체 1위 웨이스트 매니지먼트WM·Waste Management의 시가총액은 836억 달러(한화 약 111조 원)다.[95] 국내 시총 2위의 SK하이닉스(117조 원)에 맞먹는다. 이 회사는 쓰레기를 모으고, 재활용하고, 처분해서 돈을 번다. 경기방어주로 꼽히지만 뉴욕 증권 거래소에서 다우존스 지수를 훌쩍 뛰어넘는다. 2010년 이후 누적 기간 수익률은 WM이 464.28%로, 30개 대형 기업 주가의 평균을 낸 '다우존스' 지수(238.0%)의 2배다. WM은 2010년 주당 35.63달러에서 연평균CAGR 약 14%씩 성장한 것이다.

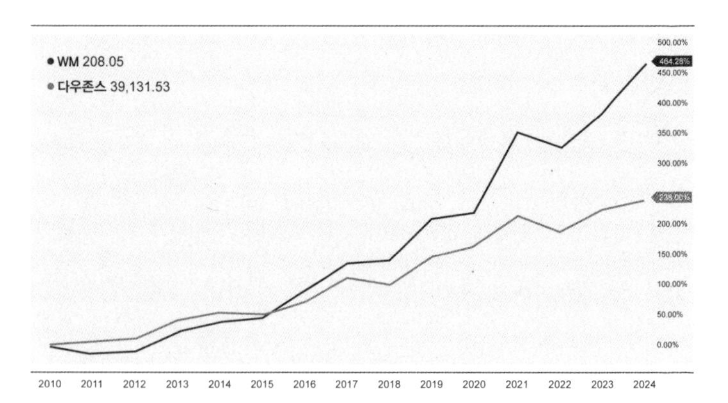

| 웨이스트 매지니먼트(WM) 주가지수 추이 출처: 네이버금융

95) 2024년 2월 23일 기준

WM의 주가가 다우존스를 아웃퍼폼한 시기는 2016년 이후다. 본격적으로 '수직계열화'를 이룬 시기와 겹친다. WM은 수거–이송–매립·재활용·소각 등 '전 과정'을 처리하는데, 이 같은 수직계열화를 달성한 방식은 공격적 인수와 시설 확충을 위한 대규모 자본 투자다. 이를 통해 규모의 경제 달성을 이뤄냈다. WM은 2017년부터 2019년까지 70여 개 기업을 인수하며 미국 내 점유율 1위 업체로 우뚝 올랐다.[96] 이 회사의 특징은 폐기물 처리 밸류체인 수직화를 통해 자원 순환성과 온실가스 감축이란 솔루션을 제공한다. 글로벌 환경 규제와 소비 패턴의 변화로 순환경제에 대한 관심이 높아지면서 WM은 폐기물 자원화 사업을 확장하기 위해 5년의 중장기 투자 계획을 내놓고 8억 2,500만 달러를 투자한다고 발표했다. 전 세계 최고 폐기물 업체인 미국의 웨이스트 매니지먼트WM의 데이비드 스타이너 대표는 "우리의 비즈니스는 더 이상 쓰레기를 주워 안전한 곳에 두는 것이 아니다. 폐기물은 저탄소 동력이자 재활용 원료를 만들 기회"라고 말했다.

구체적으로 WM은 선별 시설 자동화, 플라스틱 재활용 기업 인수, 재생에너지 발전에 역점을 뒀다. 분리배출을 거의 하지 않는 미국의 폐기물 시스템은 매립에 의존하는데, 음식 폐기물과 함께 버려진 쓰레기에서 배출되는 매립가스는 이산화

96) KB투자증권, 〈웨이스트 매니지먼트, 폐기물 자원화 & 재활용도 최대 규모〉, ESG insight[case study 6], 2022.04.

탄소보다 23배의 강력한 온실효과를 내는 메탄을 다량 배출한다. 매립가스에서 발생하는 온실가스의 78%를 포집해 신재생에너지로 탈바꿈시켜 발전과 수거 차량 연료로 사용하고, 생산된 재생천연가스는 재생에너지 크레딧REC을 통해 수익화하고 있다. 또 재활용 판매를 위해 수작업으로 분류하던 선별 작업을 효율화하고 오염률을 낮추기 위해 선별 시설 자동화를 진행했다. 2022년 2억 7,500달러를 투자하고, 2023~2025년까지 5억 2,500만 달러의 투자를 진행하기로 했다. 이를 통해 WM은 2026년에는 약 6,000억~7,000억 달러의 인건비 절감과 1억 8,000만 달러(한화 2,200억 원)의 영업 이익을 거둘 것으로 보고있다.[97] 2022년엔 소비 후 재활용PCR 펠릿 생산 업체인 Nature PCR의 경영권을 인수했고, 이를 통해 미국의 필름 재활용을 늘리는 데 목표를 두고 있다.

폐기물 산업 내에서의 수직화는 최종적으로 고객의 넷제로 솔루션 제안을 통해 극대화한다. WM는 유통 공룡 월마트와의 협업을 통해 매장과 유통 센터의 폐기물 감축과 회수 확대를 위한 이니셔티브를 공동으로 구축하면서 단순한 폐기물 처리 업체에서 '솔루션 프로바이더'로 사업 모델을 고도화했다.[98] 처음엔 반품된 제품을 재활용하고 폐기물 처리를 관리하던 수준이었다. 이후 WM은 월마트 반환 센터의 고형 폐기물 처리

97) WM(Waste Management), 〈2022 지속가능경영보고서〉, 2022.06.
98) WM(Waste Management), 〈2022 지속가능경영보고서〉, 2022.06.

는 물론 폐기물 관련 데이터를 서로 공유해 나갔다. 월마트 현장에 담당자를 배치해 순환성 솔루션을 제공하는 협력자로의 역할을 강화했다. 이는 고객사의 순환성 확대라는 1차적 폐기물 관리 목표를 넘어 기업과의 장기 거래 관계 구축을 통해 충성도를 높이는 것은 물론 넷제로 솔루션 제안이란 효과로도 이어진다. 유통사와 폐기물 산업의 협업은 폐기물 산업이 '솔루션 프로바이더'로서 역할을 확대함으로써 경제와 환경에 새로운 부가적 가치를 더한 사례다.

북미 시장은 매립지의 포화량이 한계에 다다르며 2014년 이후 본격적 업스트림의 시대를 맞은 바 있다. WM을 비롯해 리퍼블릭 서비스REPUBLIC service, 웨이스트 커넥션즈WASTE CONNECTIONS 등 빅3를 필두로 한 전략적 투자자SI의 활발한 볼트온 인수합병M&A 전략을 통해 수집운반업 수직계열화를 일궈냈다. 미국 투자은행 캡스톤파트너스가 2023년 10월 발표한 보고서 따르면 폐기물 시장 M&A는 141건으로 전년 같은 기간 222건 대비 급격히 감소했다. 2022년은 폐기물 시장에 기록적 해로, 전년 236건 대비 295건으로 25% 폭증한 해였다. 그럼에도 캡스톤파트너스는 전략적 투자자SI의 관심은 유지되고 있단 점에서 향후 반등할 것으로 보고 있다.[99] 세계 은행에 따르면 전 세계 도시 고형 폐기물량은 2016년 20억 2,000만 톤에

99) Capstone Partners, 〈Waste & Recycling Market Update – October 2023〉, 2023.10.

❙ 웨이스트 매니지먼트(WM) 수거차량 모습 출처: WM 홈페이지

서 2030년 26억 톤, 2050년 34억 톤으로 증가할 것으로 예상했다. 빌 게이츠도 2022년 2월 미국 폐기물 업체 리퍼블릭 서비스RSG 주식을 추가 매수해 보유 지분을 34%로 늘린 바 있다. RSG는 빌앤멜린다 재단이 두 번째로 많은 지분을 보유한 기업이다.

국내에서도 2021년 SK건설이 SK에코플랜트로 사명을 변경하며 환경 기업으로 새 출발을 선언한 이후 재활용을 중심으로 한 업스트림Upstream에서 활발한 인수합병을 시도한 바 있다. 폐플라스틱 재활용 기업 DY폴리머 인수와 폐배터리 산업 진출을 위한 글로벌 E-waste 기업 '테스TES' 인수 사례 등이 그것이다. 아울러 SK에코플랜트는 디지털 폐기물 관리 서비스인 '웨이블' 출시했다. 과거 소각 처리 업체 등 메가 딜에만 관심을 보였던 사모투자펀드PEF도 PET 재활용 업체 인수 등을 통해 볼트온 전략을 펼치는 모양새다. 제네시스프라이빗에쿼티PE는 국내 1위 플라스틱 재활용 업체인 알엠과 에이치투 지분을 2,500억 원을 투입해 2023년 8월 인수했다. 환경·에너지·인프라 전문 사모펀드 운용사로 포지셔닝을 하고 있는 이 PE의 전략은 WM이 롤모델이다. 수집, 운반, 생산까지 밸류체인을 완성하기 위해 플라스틱 재활용 분야에만 8,000억 원을 투자한 것으로 알려졌다.[100]

문제는 우리나라 수거 업체만 6,000곳에 달한다는 점이다. '수거–운반–선별–처리–재활용'이란 전 과정에서 국내 폐기물 산업은 각개 격파를 하는 모양새다. 폐기물의 품질 저하와 자원순환을 방해하는 요인 중 하나다. 국내 영세한 수거 업체들은 선별 단계를 고려하지 않고 수거한다. 폐기물은 수거 단계 혼합되고 어떤 폐기물이 어디에 어떻게 존재하는지 알기 어렵게 된다. 폐기물 산업의 수직계열화의 필요성은 국내에서도 필요성이 커지고 있다. ESG 경영이 강화하면서 의료 폐기물이나 사업체 폐기물 배출자에 대한 재활용률 공개 의무 등이 강화하고 있기 때문이다. 국내 1위 종합 폐기물 처리 업체인 에코비트가 2023년 폐기물 수집 운반 업체 2곳을 인수한 이유다. 그러나 에코비트가 거래하고 있는 수거 업체가 수백 개에 달한다. 에코비트가 빅데이터 기반 수요 응답형 교통DRT·Demand Responsive Transit 소프트웨어를 개발하는 스타트업 '브이유에스

---

100) 헤럴드경제, 국내 최대 재활용 플랫폼 구축…EBITDA 1300억 목표 [PEF 릴레이 분석–제네시스PE], 2023.12.

VUS'에 폐기물 산업을 위한 서비스 개발을 의뢰한 이유다. 당장 공격적 인수합병을 하기엔 국내 수거 업체의 규모가 영세하고 플랫폼 개발을 통해 분산된 업체를 '연결'하는 방안을 고안한 것이다.

황윤익 VUS 대표를 눈 내린 2024년 겨울 서울시 합정동에 위치한 VUS 본사에서 만났다. 그는 "대중교통 솔루션은 B2G(기업과 정부 간 거래)의 특성상 매출로 이어지는데, 오랜 시간이 걸려 폐업을 고민하던 차에 에코비트의 서비스 개발 요청이 왔다"고 했다. 폐기물 산업에서 DRT를 적용한 것이다. 수요응답형 교통 체계는 수요가 거의 없지만 반드시 버스 등 대중교통이 운행되어야 하는 지역에 적합한, 벽지노선을 대체하는 새로운 운행 체계의 개념으로 첫 등장했다. 폐기물 산업에 VUS가 개발한 운행 최적화 프로그램을 접목하면 수거 차량의 운행 효율화를 달성하는 것은 명확했다. 하지만 무려 30여 년 전 만들어진 ERP(전사적자원관리) 프로그램을 사용하면서 전산화가 거의 이뤄지지 않은 상태였다. 모빌리티 운행 최적화 VRP·Vehicle Routing Rroblem와 업무자동화ERP 기능을 동시에 제공하는 '망고Mango' 개발에 나선 이유다. 그는 "어디에 어떤 폐기물이 있는지를 알아내는 것과 이를 수거 차량의 동선을 효율적으로 관리하는 것이 가능해졌다"고 말했다. VUS는 카카오모빌리티, 쏘카, 42dot, 우버에서 카카오택시와 타다 서비스 개발 경력을 가진 황윤익 전 쏘카 사업개발본부장(상무)이 대중교통 DRT 사업을 위해 2021년 창업한 스타트업이다. 황 대표는 "파편화된 수집운반업을 플랫폼에 편입하는 것으로 처리업의 영업 이익률 향상을 가져다 주는 것은 물론 재활용 원재료 확보 및 품질 향상이란 효과를 기대할 수 있다"고 말했다.

분리배출의 산업화

대한민국에서 생활계 폐기물 재활용 분리배출은 거의 전적으로 일반 가정에 일임된 상태다. 우리는 재활용 분리배출을 통해 제품의 폐기 단계에서 주요 노동을 제공함에도 불구하고, 제품 구매 단계에서 이에 대한 보상을 받지도 못하며 포장재를 회피할 방법도 찾기 힘들다. 생산자들이 제공하는 포장재가 소비자의 편의를 위해서라면, 소비자에게 이를 거부할 권리도 주어져야 이치에 맞다. 어떤 소비자는 분리배출 노동을 회피하고 싶을 수도 있고, 보다 친환경적으로 소비 활동을 하고 싶어 포장재를 회피하고 싶을 수도 있다. 그런데 이런 선택권은 대량 생산 시스템에선 소비자가 아닌 생산자에 거의 맡겨져 있다. 즉 소비자는 선택권 없이 물건 구매에 부차적으로 따라오는 포장재를 분리배출 하기 위해 상당한 가사 노동을 투입해야 하는 셈이다. 이런 대한민국 가정의 '불만 사항'을 찾아내 산업화하려는 시도가 늘어나고 있다. 이들이 주목하는 지점은 시민의 의무로 작동하고 있는 분리배출 중심의 재활용 체계가 순환경제 시스템과도 맞지 않다는 점에 있다. 자원 수거에 일조하는 노동을 제공했다면 그만한 보상이 주어져야 한다. 반대로 손쉽게 폐기한다면 그에 맞는 적절한 비용 역시 제대로 지불해야 한다. 폐기물이 시장 경제에 편입되는 순환경제에서는 이런 시스템이 작동된다.

선형경제의 낡은 시스템에서 시민의 의무에 기댄 분리배출 제도는 막대한 폐자원의 낭비를 초래하고 있다. 이를 물건을 사는 것에서 최종 폐기까지, 그리고 일상적으로 처리할 일회용 쓰레기를 포함해 언젠간 버려질 모든 물건에 대한 전 생애로 확장하면 시민들의 분리배출에 의존하는 현 시스템의 지속가능성에 의문이 붙을 수밖에 없다. 소비의 시대에 폐기물은 어떻게 정의될 수 있을까. 대한민국 법은 폐기물에 대해 "쓰레기, 연소재, 오니, 폐유, 폐산, 폐알칼리 및 동물의 사체 등으로서 사람의 생활이나 사업 활동에 필요하지 아니하게 된 물질"이라고 정의한다. 그러나 사람에 필요하지 않게 된 물질은 모두 폐기물일까. 유럽연합은 폐기물의 최종 기준'End-of-Waste' creteria에 대해 까다롭게 정의 내린다. 폐기물의 '끝End'을 정의한다는 것은 해당 폐기물이 재활용할 여지가 있느냐 없느냐의 경계선 지정에 대한 질문이다. 버려진다고 다 폐기물이 아니라 쓸모가 남아 있다면 폐기물이 아니다. 특히 종량제 봉투를 파봉해 보면 약 40%는 재활용 가능한 것들이다. 분리배출이 어려운 폐기물의 종류도 많은 것은 물론 시민들이 제대로 분리배출 하지 않아 생기는 결과다. 이렇게 종량제 봉투에 배출된 폐플라스틱의 80~90%는 소각·매립된다. 시민들에 의존해 분리배출 하는 방식은 이처럼 온전치 못하다. 일주일 만에 수북하게 쌓이는 재활용 쓰레기를 보면서 스트레스를 받아본 적이 있을 것이다. 한 주만 소홀하면 다음부턴 손쓰기 어려워져 마치 가속도가 붙는 것처럼 더 쌓이고 만다.

생활계 폐기물 방문 수거 서비스를 하는 '커버링Covering'의 구리 공장을 방문했다. 각 가정과 사업장에서 혼합 폐기물의 형태로 배출한 모든 쓰레기를 수거해 세척하고 선별하고 있었다. 업력 4주년을 맞은 커버링이 최근 내놓은 보고서를 보면 재활용 가능 자원이 폐기물화하는 비율이 5%로 떨어지는 것으로 나타났다. 반면 2022년 우리나라에서 발생한 생활계 폐기물(가정+사업장(非)배출시설계) 중 폐합성수지류(폐플라스틱)의 42%는 종량제봉투(혼합배출)를 통해 버려졌다. 일반 시민들이 분리배출을 하는 것보다 전문 업체가 분리배출 할 때 소각될 뻔한 더 많은 폐기물이 재활용 가능 자원이 된다는 이야기다. 관건은 분리배출 노동을 대신해 주는 데 들어가는 비용이다. 문 앞에 음식물은 물론 각종 분리배출 가능한 쓰레기를 포함해 내놓고 앱으로 수거 신청만 하면 된다. 이용자는 별도의 분류나 세척할 필요 없이 봉투에 담아 내놓기만 하면 이튿날 오전 6시 이전 수거해 간다. 이용료는 기본요금(1회 2,500원)과 무게에 따른 추가 요금이 100g 당 140원이다. 주당 한 번 꼴로 배출하는 평균 쓰레기양 4~5kg 기준 약 8,000~9,000원의 요금이 매겨진다. 한달 요금은 4~5만 원 정도다. 바쁜 맞벌이 가구가 타깃이다. 쓰레기를 분리배출을 하지 않는 비용으로 월 4만 원을 지출하는 가구는 꾸준히 늘어나고 있으며, 약 90%는 재이용을 했다.

시민들이 분리배출을 해야 하는 것은 국가의 유지와 환경 보전을 위해 당연히 요구되는 의무다. 대한민국 헌법에 모든 국민은 환경 보전의 의무가 있으며, 이는 분리배출을 비롯해 환경오염 정화 비용 부가 등 각종 규제 정책의 기반이다. 그러나 대한민국 시민들에게 부과된 분리배출 의무는 당연한 시민의 의무이며 더 철저하게 그 의무를 다해야 한다는 도덕의식만 강조해 오고 있을 뿐이다. 어떻게 처리되어야 환경적이며, 그 부담은 누가 짊어져야 하는지 보다 명확한 경계선이 필요하다. 재활용은 시민보다 산업이 더 잘 해결할 수 있다. 그리고 버리는 데 들어가는 우리나라의 처리 비용은 너무 저렴하다. 즉 종량제 봉투 가격은 인상하고, 10가지에 육박하는 재활용 분리배출 부담은 낮추고 생산자에게 전적으로 부담시켜야 한다.

성공한 사회 실험 중 하나로 독일의 환경 수도로 불리는 인구 20만 명의 프라이부르크가 폐기물을 줄인 사례가 있다. 프라이부르크시는 독일의 다른 도시에 비해서도 생활폐기물 발생량이 70% 수준으로 낮다. 프라이부르크에 위치한 아이첼벅 에너지 마운틴Energieberg Eichelbuck에서 만난 피터 크라우스Peter Krause ASF 마케팅 · 프로젝트 관리 책임자는 "프라이부르크시의 폐기물 발생량이 다른 도시에 비해 적은 이유는 가정마다 부가되는 처리 비용에 있다"고 소개했다. 아이첼벅 에너지 마운틴은 ASFAbfallwirtschaft und Stadtreinigung Freiburg가 운영하는 쓰레기 매립장이다. 방문 당시 아이첼벅 매립장은 쓰레기 반입이 중단된 상태였고, 부지는 현재 프라이부르크에서 가장 큰 태양광 발전소로 운영하고 있었다. 총 설비 용량은 2.6메가와트피크MWp 규모다. ASF에 사용되는 모든 에너지를 여기에서 충당하며 남는 에너지는 별도 수익도 내고 있다고 크라우스는 소개했다.

독일 국민들은 한국과 비교하면 분리배출을 제대로 하지 않는다. 대신 광역별로 소수의 폐기물 전문 기업들이 수거와 선별을 전담한다. 프라이부르크시의 생활폐기물 수거는 ASF가 전담한다. ASF는 민관합작사로 시와 독일의 최대 폐기물 전문 기업인 레몬디스Remondis가 각각 지분 53%, 47%를 소유하고 있다. 시는 ASF와 함께 폐기물 절감을 위해 종합폐기물관리계획의 시행과 함께 시민 교육을 담당한다. 주요 선진국의 폐기물 수거 시스템은 대개 지자체의 관리하에 소수의 처리 업체가 담당하는 형태다.

프라이부르크가 폐기물을 절감한 이유는 책임을 명확히 했기 때문이다. 피터 크라우스는 "다른 도시는 건물 등을 기준으로 폐기물 처리 비용을 부가하지만, 프라이부르크시는 개별 가정에 대해 폐기물 처리 비용을 부담시키도록 하고 있다"며 "이는 개별 가정으로 하여금 재활용 분리배출을 적극적으로 하게 하고, 폐기물을 줄이는 데 적극 동참하도록 만든 유인"이라고 말했다. 일부 가정에선 다른 사람들이 자신들의 쓰레기통에 폐기물을 투기하지 못하도록 쓰레기통을 자물쇠로 잠그

기도 한다고 귀띔했다. 이들은 폐기물 수거함 이용 요금과 처리 비용을 모두 부담한다. 시가 쓰레기 배출량을 줄이고 분리배출을 늘리기 위한 일련의 조치로 두 가지 비용을 모두 부담시키고 있기 때문이다. 가족의 구성원 수에 따라 1인 가구는 연간 109.44유로이고, 4인 가구는 159.60유로다. 4인 가구 기준 한화로 연간 약 23만 원 수준이다.[101] 이에 반해 우리나라의 2019년 기준 종량제 봉투 판매량(가정용+음식물+사업장용+특수규격봉투)은 9억 9,207만 장으로 판매 금액은 6,792억 5,900만 원이었다.[102] 가구당 연간 약 3만 원 꼴이다. 종량제 봉투에 재활용 가능 폐기물을 포함해도 부담이 크다고 보긴 어렵다. 종량제 봉투 가격 인상은 더디다. 손쉽게 버리는 것의 비용 부담이 독일 프라이부르크와 비교해 매우 낮은 편으로, 전국 평균 청소 예산 재정 자립도는 33.0%로 낮다. 나머지는 지자체의 일반 예산으로 처리되고 있다. 아랫돌 빼서 윗돌 괴는 격이다. 손쉽게 버리려면 정당한 폐기물 처리 비용을 내야 한다.

반대로 재활용을 위해 노동을 투입했다면 보상을 받아야 한다. 이런 불균형을 의아하게 생각한 '㈜같다'의 폐기물 플랫폼인 '빼기' 고재성 대표를 성수에 위치한 그의 사무실에서 만났다. 고재성 대표는 인터뷰를 통해 "매립과 소각만으로 폐기

101) Abfallwirtschaft und Stadtreinigung Freiburg GmbH (ASF) 홈페이지(https://www.abfallwirtschaft-freiburg.de/)

102) 자원순환마루, 〈쓰레기 종량제 현황〉, 2020.10.

물 처리가 충분했던 시절이 너무 길었다. 이제는 포화 상태에 이르게 되면서 더 이상 지속하지 않는 방식"이라고 말했다. 이어 그는 "물건을 사고파는 시장에 다양한 산업이 존재하듯, 버리는 시장의 산업도 커져야 한다"고 말했다. 폐기물이 돈이 되는 시장이 되면 잘 버리는 노고에 대한 보상도 따라야 한다는 것이다. 실제 순환경제가 대두하고 폐기물이 자원화하면서 '폐귀물'이 됐다. 현재 빼기 앱은 대형 폐기물을 더 편하게 버릴 수 있도록 버리는 고객과 빼기 파트너를 연결하는 서비스로 잘 알려져 있다. 소비자들은 번거롭게 지자체 홈페이지에서 발급한 대형폐기물 스티커를 부착하지 않고 빼기 앱으로 간편하게 신청하면 된다.

한때 빼기 앱을 통해 대형 폐기물을 손쉽게 처리하면서 회사의 수익 구조를 궁금했던 적이 있다. 빼기는 지자체 협약을 통해 운영되는 서비스로 스티커 비용 또한 지자체 배출 신고 금액과 동일하기 때문이다. 사용자는 별도 필증을 출력하거나 발급받을 필요 없이 빼기 번호만 기입하거나 메모장으로 부착하면 된다. 편리함에 대한 소비자들의 높은 선호는 빼기 앱 가입자가 110만 명에 달한단 것만 봐도 이미 증명됐다.

고 대표는 "대형폐기물 배출 플랫폼은 앞으로 분리배출을 한 이들에게 보상을 제공하기 위한 기반일 뿐"이라고 말했다. 폐기물에는 라벨(꼬리표)이 따라붙지 않는다. 유럽연합과 환경 선진국을 중심으로 '폐기물 디지털 여권WDP, Waste Digital Passport 도입 논의가 오랜 기간 이어지고 있지만, 모든 폐기물에 디지털 태그를 달고 추적하는 것이 쉽지 않다. 그럼에도 갈다는 이를 각 폐기물 처리의 밸류체인을 추적 가능한 모니터링 시스템을 구축하는 방식으로 구현하고 이 시장을 개혁하려 한다. 빼기 앱을 통해 누가 배출했고 운반했으며 처리했는지 모니터링되고 있다. 현재 재활용 시장은 선별 이후 단계에서만 보상 체계가 구축되어 있다. 수거와 수거 이전 단계에서도 이것이 가능해져야 한다는 것이 그의 지론이다. 기업은 플랫폼을 통해 고품질의 폐자원의 거점을 확인할 수 있게 되고, 폐기물을 자원화한다. 기업은 탄소 배출을 줄일 수 있고 이는 탄소 배출권을 통해 수익화가 가능하다.

"옷을 위한 지구는 있다"… 옷을 순환시키기

"재판매Re-sale를 염두에 둔 옷이 만들어진다. 디자이너들의 자존심이 걸렸다. 리셀가가 웃돈에 판매되는지, 할인되는지에 따라 디자이너들의 평판이 좌우된다."

패션 업계에서 뜨고 있는 새로운 트렌드 중 하나가 '프리러브Pre-loved' 제품이다. 프리 러브는 이전에 사용된 것을 판매하는 것으로, '중고Second-hand'라는 단어를 대체하는 신조어다. 글로벌 패션의 중심지 유럽이 지속가능한 제품 생산과 유통 폐기를 위한 규제를 시작하면서 패션 산업이 지각 변동을 맞이하고 있다. 2023년 12월 유럽연합은 '지속가능한 제품을 위한 에코디자인 규정Ecodesign for Sustainable Products Regulation(이하 ESPR)'

최종 타협안에 합의했다. 기존의 '지침Dlirective'에서 모든 회원국에 직접 적용되는 '규정Regulation'으로 강화된 합의안이다. 의류나 신발 등은 미판매 제품의 폐기가 금지되고, '디지털 제품 여권Digital Product Passport'과 함께 제품이 판매되도록 했다. 재고 처리 문제와 더불어 어떤 원료로 제품이 만들어졌는지 소비자들에게 낱낱이 정보를 투명하게 공개해야 하는 의무가 제조사에게 부가된 것이다.

패션의 중심지 유럽의 변화로 국내 패션 업계에도 발등에 불이 떨어졌다. 옷의 순환성에 집중해 시장의 판을 키워보려는 '민트컬렉션'의 노힘찬 윤회 대표를 서대문구 연희동에 위치한 매장을 찾아 인터뷰했다. 중고 의류가 새로운 구매 현상으로 떠오르면서 생산 단계에도 영향을 미치고 있다고 그는 보고 있다. 옷의 생산부터 폐기까지 전 과정에 이르는 순환 플랫폼 비즈니스 모델을 창출했다. 유통 이후가 아닌 애초 옷의 생산 단계부터 민트컬렉션이 개입한다는 점에서 차별화했다. 이는 소비자들에게 구입가의 30%에 되팔 수 있는 보상 판매 서비스를 제공하는 것이다. 보상 판매로 입소문을 타고 있지만, 중고 의류 유통·판매 플랫폼은 아니다. '순환 패션 플랫폼'에서 판매되는 제품 상당수는 '새 옷'이다.

노 대표는 고등학생 시절부터 중고 판매에 눈을 떴고, 독일 유학 시절엔 빈티지에 열광하는 유럽의 MZ세대에서 산업화 가능성을 엿봤다고 했다. 하지만 국내에서 이를 산업화하려는 시도는 많지 않다. 유통 이후 폐의류 수거와 판매 시스템을 위주로 하는 중고 시장은 규모를 확장하기 어려운 구조였기 때문이다. 노 대표는 "처음 다섯이서 온라인 중고 재판매를 해보니 3,000벌을 수거하면 90%는 판매가 어려운 수준이었다. 투입 비용에 비해 마진이 거의 남지 않았다"고 말했다. 오프라인 샵을 유럽의 빈티지 샵처럼 브랜딩했더니 이번엔 너무 잘 팔려 공급이 딸렸다. 유통 이후 단계에만 집중하는 중고 판매 모델은 수요와 공급을 일치시키기 어렵다. 즉 효율이 떨어진다는 설명이다. 이에 생산 단계에서 순환에 초점을 맞춘 옷의 제작을 돕기로 했다. 정품 인증과 보상 판매 체계를 구축했다. 그러자 제대로 된 중고 의류로 브랜딩에 성공했다. 연희동 플래그십과 갤러리아 압구정 명품관, 더현대와 한남동 쇼룸 등 국내 대표 백화점과 자체 쇼룸을 운영하면서 월 2만 명 이상, 일일 최대 1,500명이 찾고 있다. 전체 방문객 중 약 30%는 해외 소비자다.

디지털 제품 여권 셈인 윤회의 '케어ID'를 통하면 해외 수출과 보상 판매, 나아가 탄소 배출권 획득도 기대해 볼 수 있게 됐다. 재고·중고 의류 판매에 따른 탄소 배출량 저감 데이터 수집 솔루션을 개발하고 있으며, 케어ID로 거래되는 회차마다 탄소 크레딧이 누적되는 방식이다. 해외 유통 판로를 개척은 덤이다. 노 대표는 "2023년 기준 섬유 패션 브랜드가 4만여 개에 달한다. 다양한 의류 판매 플랫폼이 존재하지만 영업망을 확보하기가 어렵다"며 "민트컬렉션의 제휴사 150곳은 중국, 인도네시아, 일본 등에 설립된 윤회의 지사와 합작 프로젝트 등을 통해 해외 진출이 가능하고 중고나 재고 제품에 대한 글로벌 수요도 확대 추세와도 맞아 떨어지면서 시너지를 내고 있다"고 말했다.

잘 사고 잘 버리는 것

플라스틱 일회용품 문제는 익숙하다. 익숙해서 간과되고 있다. 익숙한 문제는 새로운 문제보다 늘 뒤처진다. 그러나 이 문제는 조만간 우리에게 익숙한 문제가 아닌 새로운 문제로 다가올 것이다. 파리협정이 법적 구속력을 가진 국제조약으로 거듭난 이후 탄소중립 정책은 당위성 논란을 뛰어넘어 곧바로 실행을 중심으로 사회에 압박을 가하고 있다. 플라스틱 국제협약도 이미 당면한 국제적 과제라는 점에서, 파리협정처럼 경제 시스템에 커다란 문제로 분명히 다가올 것이다. 그러나 사회의 뿌리 깊은 성장중심주의 탓에 이 글로벌 흐름이 국내의 경제·산업적 문제로 전환되기까지 우리는 먼 바다에서 일고 있는 거센 파도를 놓치고 결국엔 코앞에서 쓰나미로 맞을 것 같다.

《침묵의 봄》의 저자 레이첼 카슨은 "참아야 하는 것이 우리의 의무라면 알아야 하는 것은 우리의 권리"라고 말했다. 이

문장을 나는 참아야 할 이유를 알아야 한다는 뜻으로 해석한다. 편리한 인간의 발명품인 일회용품과 플라스틱을 줄이기 위해 우리는 (원래 없었던 편리함이지만) 불편함을 참아야 한다. 그 이유를 아는 것은 우리의 권리이자 의무다. 무엇을 알아야 하는지, 아는 것을 방해하는 것들은 무엇인지, 참아야 하는 것들은 어떤 가치를 지니는지, 불편을 감내할 때 어떤 효용이 있는지 등 우리가 알아야 할 것들은 넘치지만, 알지 못하는 것은 늘 아는 것보다 많다. 이 때문에 지금 우리에게 가해지고 있는 불편함은 지향을 잃은 채 헛돈다.

우리가 알아야 할 최소 세 가지.

첫째, 분리배출 가스라이팅은 멈추어야 한다.
둘째, 순환경제 달성은 산업계의 몫이다.
셋째, 소비자는 순환경제 기업을 선택한다.

즉 선별·수거·재활용 등 순환경제를 위해 기술적 고도화가 필요한 부문은 모두 산업계에게 그 책임을 돌려야 한다. 그래야 비용 저감과 효율화를 위한 혁신 기술 개발이 뒤따를 것이고, 관련 산업이 커질 것이며 국제적 경쟁력을 갖추게 된다. 대신 시민들에게는 분리배출 의무보다 일회용품과 불필요한 플라스틱 사용량을 애초에 줄이는 소비자의 역할을 너욱 강조할 필요가 있다.

다음은 대한민국의 순환경제 시스템 정착을 위한 세 가지다.

첫째, 정부는 기업들이 정보를 투명하게 공개하도록 유도한다.

둘째, 기업은 순환 우위의 재사고Rethink를 통해 성장한다.

셋째, 그럼에도 최종적으로 소외되는 최소한의 폐자원 처리가 정부와 시민의 몫이다.

지금 기후위기 담론은 개인과 너무 동떨어져 있어 개인은 어떻게 해야 온실가스를 덜 배출하는지, 기후위기 사회에 적응 가능한지 알기 어렵다. 북극곰에 감정 이입을 요구받는 것도 이제 효력을 다한 것 같다. 그 어떤 충격적 기후위기 담론도 개인의 삶을 변화시킬 만큼 개인화 수준으로 나아가지 못한다. 반면 기후위기 담론에 비해 순환경제 담론은 개인들에게 다양한 체험적 경험의 제시가 가능하며 자발적으로 행동하는 존재로 대규모 자본주의 생산 시스템에 소외된 인간의 위치를 한 단계 격상시킨다. '잘 사고buy, 적게 버리고, 잘 버리는 것.' 이는 자기결정적 인간으로서 삶을 주체적으로 구성하는 데에서 오는 카타르시스를 줄 뿐만 아니라 개인의 삶을 공동체적 삶으로 끌어올리는 방식 가운데 부담도 상대적으로 적은 방식이다. 독일에서 최미연 씨를 만난 것이 내게 커다란 삶의 행운이었다면, 이 책이 여러분에게도 그런 행운이 되길 바란다.